省级高职高专优秀教材配套教材
省级优秀畅销书配套教材
21世纪高职高专财经类专业核心课程教材

财政与金融

习题与解答

（第六版）

蒙丽珍 主 编
卢珍菊 古炳玮 副主编

东北财经大学出版社 大连
Dongbei University of Finance & Economics Press

图书在版编目（CIP）数据

财政与金融习题与解答 / 蒙丽珍主编．—6版．—大连：东北财经大学出版社，2018.11

（21世纪高职高专财经类专业核心课程教材）

ISBN 978-7-5654-3336-8

Ⅰ．财… Ⅱ．蒙… Ⅲ．财政金融-高等职业教育-题解 Ⅳ．F8-44

中国版本图书馆CIP数据核字（2018）第222969号

东北财经大学出版社出版

（大连市黑石礁尖山街217号 邮政编码 116025）

网 址：http：//www.dufep.cn

读者信箱：dufep@dufe.edu.cn

大连雪莲彩印有限公司印刷 东北财经大学出版社发行

幅面尺寸：185mm×260mm 字数：195千字 印张：9.25

2018年11月第6版 2018年11月第19次印刷

责任编辑：张晓鹏 责任校对：惠恩乐

封面设计：张智波 版式设计：钟福建

定价：24.00元

教学支持 售后服务 联系电话：（0411）84710309

如有印装质量问题，请联系营销部：（0411）84710711

第六版前言

为了使学生更好地学习和掌握《财政与金融》（第六版）的内容，提高学生学习的效率，我们特根据东北财经大学出版社出版的21世纪高职高专财经类专业核心课程教材《财政与金融》（第六版）修订编写了这本《财政与金融习题与解答》。

本书介绍了主教材所涉及的所有知识点，提炼了各章的主要内容、重点与难点，精心编写了综合练习题并给出了参考答案，便于学生了解和掌握各章需要掌握的基本理论知识。全书按章布局，各章内容具体包括三个部分：

一是学习目的与要求。它帮助学生把握本章的基本脉络、基本内容、基本要求。

二是重点、难点解析。它帮助学生把握本章的重点、难点，有针对性地学习和复习。

三是习题和参考答案。它帮助学生进行复习和巩固，正确地理解各章的学习内容，准确地把握各个主要知识点。习题包括单项选择题、多项选择题、判断题、简答题和案例分析题等题型，将各知识点融入不同的题型中，重点问题重点体现，并在最后附有参考答案。书后还附有一套综合模拟试题，供使用本书的师生参考。

需要说明的是：我们不主张搞题海战术，不希望学生采取死记硬背的方式学习本门课程。学生应当在全面学习教材各章内容的基础上，结合实际思考如何运用所学知识分析和判断现实生活中的财政与金融现象；同时，通过适当的练习检验自己是否全面、准确地理解和掌握了各章主要知识点，尤其是通过案例分析题训练自己的逻辑分析能力、运用知识能力，把能力培养贯穿于学习过程中，提高自己的综合素质。

本书由广西财经学院蒙丽珍教授主编，卢珍菊教授、古炳玮副教授任副主编，由广西财经学院、广西科技大学鹿山学院、广西金融投资集团的李顺明、朱翠林、卢雯君、丁汀等老师和同志参与修订编写。本次修订由广西财经学院卢珍菊教授和古炳玮副教授负责，由广西财经学院蒙丽珍教授审阅。

在本次修订的过程中，我们听取和吸收了其他一些同仁的意见，得到了东北财经大学出版社的大力支持，在此一并表示感谢！

由于水平有限，书中难免存在不足之处，敬请读者不吝赐教！

编　者

2018年10月

目　　录

第一章　财政的概念与职能

【学习目的与要求】

财政是国家治理的基础和重要支柱。通过本章的学习，应着重掌握市场失灵的表现、政府的责任、财政的概念、我国建立公共财政的必要性、公共产品的含义及基本特征、优值品理论、财政的基本职能。

【重点、难点解析】

一、财政的概念

“国家分配论”认为，财政是以国家为主体的分配活动。其基本特征表现为：

（1）财政分配的主体是国家。

（2）财政分配的对象是剩余产品。

（3）财政分配的目的是满足国家的需要。

西方经济学界则认为，财政的存在是为了弥补市场失灵。市场失灵表现在以下三个方面：公共产品无人供给或供给不足，居民收入分配不公甚至两极分化，经济大起大落。财政的职能就是发挥资源配置功能，引导各种资源转向公共产品供给领域；发挥收入分配功能，缩小居民间的收入分配差距；发挥经济稳定功能，熨平经济波动。

二、关于公共财政

1.公共财政

公共财政是在市场经济条件下，主要为满足社会公共需要而进行的政府收支活动模式或财政运行机制模式，是与市场经济相对应的特有的财政模式，是国家财政的一种具体存在形态。公共财政是市场经济的产物，是与市场经济相适应的财政类型。

2.我国为什么提出建立公共财政框架

首先，这是我国社会主义市场经济发展的客观需要。在市场经济条件下，政府的作用重在弥补市场失灵和市场不能高效率发挥作用的领域，而不是取代市场。我国要发展社会主义市场经济，就必须构建与之相适应的财政模式——公共财政。

其次，这是我国财政职能转变的需要。传统的财政理论把财政职能归纳为：分配职能、调节职能和监督职能。对财政职能的这种概括是与我国传统的计划经济实践相吻合的。随着我国财政从生产建设型财政向公共财政的转变，我国的财政职能必须加以调整。

最后，这是构建和谐社会的需要。构建和谐社会要求财政管理科学化、民主化、法制化。公共财政的特点就是科学理财、民主理财、依法理财。只有实行公共财政，坚持依法治财和依法理财，才能为构建和谐社会营造一个良好的经济基础。

三、公共产品理论和优值品理论

公共产品是指具有消费或使用上的非竞争性和受益上的非排他性的产品。它具有两个基本特征：一是非竞争性；二是非排他性。非竞争性是指一个人消费公共产品不影响别人消费，人们的消费没有竞争；而非排他性是指无法把没付钱的人排斥在外。此外，公共产品还具有不可分割性、外部性等特征。外部性也叫外部效应，是指在实际经济活动中，生产者或消费者的活动给其他生产者或消费者带来的非市场性影响。

优值品理论也是政府干预的重要理论基础，但与公共产品理论不同。优值品是指那些个人对它的评价低于其实际效用的物品，如高雅艺术，一般人觉得看不看没有什么差别，对个人没有多大影响，但其实它对陶冶人的情操、缓解生活压力、丰富业余生活有着很大作用。

四、财政的职能

财政的职能是指财政在社会经济生活中所具有的职责和功能，是财政这一经济范畴本质的反映，具有客观必然性。按照现代西方财政理论，市场化国家的财政职能一般包括资源配置职能、收入分配职能、经济稳定职能。

1.资源配置职能

资源配置职能就是将一部分社会资源集中起来，形成财政收入，然后通过财政支出分配活动，由政府提供公共产品或服务，引导社会资金的流向，弥补市场的缺陷，最终实现全社会资源配置效率的最优状态。

财政资源配置职能的主要内容包括：

（1）调节资源在公共需要之间的配置。

（2）调节资源在地区之间的配置。

（3）调节资源在产业部门之间的配置。

（4）调节资源在政府部门与非政府部门之间的配置。

2.收入分配职能

收入分配职能是指政府运用税收、财政补贴及转移支付等手段来调节微观经济主体间的收入差距，以达到分配公平的目标。

财政收入分配职能的主要内容是通过调节企业的收入水平（即利润水平）和居民个人收入水平，实现收入与财产的公平分配。

3.经济稳定职能

经济稳定职能是指通过财政分配实现经济稳定的目标，即充分就业、物价稳定、国际收支平衡、合理的经济增长率。

财政经济稳定职能的主要内容包括：

（1）通过国家预算的扩张或紧缩政策，调节社会总供求平衡。

（2）通过财政的制度建设，发挥财政“内在稳定器”的作用。

一、单项选择题

1.与市场经济相适应的财政类型是（　　）。

A.家计财政　　B.生产财政

C.吃饭财政　　D.公共财政

2.按照国家分配论的观点，（　　）的产生是财政产生的政治条件。

A.国家　　B.政府　　C.货币　　D.剩余产品

3.2008年年末以来，我国实施积极财政政策应对全球金融危机的影响，主要体现的是财政的（　　）职能。

A.经济稳定　　B.收入分配　　C.资源配置　　D.监督与管理

4.我国将在未来几年内初步建立起公共财政的基本框架。这是前财政部部长项怀诚首次在（　　）年全国财政工作会议上宣布的。

A.1993　　B.1996　　C.1998　　D.2000

5.以下属于纯公共产品的是（　　）。

A.高等教育　　B.农业生产　　C.社会治安　　D.电信服务

6.（　　）为政府介入或市场干预提供了必要性和合理性的依据。

A.经济波动　　B.公共产品　　C.市场失灵　　D.公平分配

二、多项选择题

1.公共产品具有的基本特征是（　　）。

A.非竞争性　　B.竞争性　　C.非排他性

D.排他性　　E.盈利性

2.市场失灵的主要表现有（　　）。

A.分配不公　　B.经济不稳定　　C.私人产品不足

D.公共产品不足　　E.自由竞争

3.财政作用的范围包括（　　）。

A.提供公共产品　　B.纠正外部效应　　C.维持有效竞争

D.调节收入分配　　E.稳定经济

4.在社会主义市场经济体制的条件下，财政的职能包括（　　）。

A.资源配置　　B.宏观调控　　C.收入分配

D.经济稳定　　E.服务

5.经济稳定包含着多方面的含义，通常有（　　）。

A.经济增长　　B.收入增长　　C.充分就业

D.物价稳定　　E.国际收支平衡

6.财政的收入分配职能的实现手段有（　　）。

A.税收　　B.转移支付　　C.购买性支出

D.利率　　E.预算

三、判断题

1.在市场经济条件下，社会资源主要通过市场而不是政府来进行配置。（ ）

2.公共产品的内容和范围是不断变化的。（ ）

3.生产财政是与市场经济相对应的财政模式。（ ）

4.凡是由政府提供的产品或服务就是公共产品。（ ）

四、简答题

1.公共产品的基本特征是什么？

2.简述中国为什么要建立公共财政框架。

3.如何理解财政的资源配置职能？

4.如何理解财政的收入分配职能？

5.如何理解财政的经济稳定职能？

五、案例分析题

前几年，浙江某市场一位牛肉摊摊主因所卖牛肉被顾客质疑是猪肉，于是花了2 800元到一家基因技术公司作鉴定，证明自己卖的是真牛肉，还了清白。请结合案例从财政学角度分析食品安全是谁的责任、如何保障，鉴定费用由谁负担，并谈谈自己的看法。

第二章　财政支出概述

【学习目的与要求】

通过本章的学习，应掌握财政支出的概念、分类与结构，其中应重点掌握购买性支出和转移性支出分类的方法及意义；了解财政支出应遵循的原则；了解提高财政支出效益的方法。

【重点、难点解析】

一、财政支出的概念

财政支出是国家将集中起来的社会产品或国民收入按照一定的方式和渠道有计划地进行分配的过程。

财政支出的内容应包括以下几方面：

1.提供公共秩序产品，主要包括行政司法和国防外交等内容。行政司法维护国内政治秩序，国防外交维护对外关系稳定。这一支出内容体现的是政府的传统政治职能。

2.提供公共基础设施，主要包括交通、能源、水利、环保等内容。其中，有些是同时具有私人产品与公共产品性质的混合产品，但有一些外部性比较突出的可以归为纯公共产品。这一支出内容体现的是政府的经济职能。

3.提供社会公共服务，主要包括教育、医疗、文化、气象等内容。这一支出内容体现的是政府的社会公共服务职能。

4.提供社会保障，主要包括社会保险、社会救济、优抚等内容。这一支出内容体现的是政府的社会保障职能。

二、财政支出的分类

1.财政支出按经济性质分类，可以分为购买性支出和转移性支出。购买性支出是指政府在商品和劳务市场上购买商品和劳务的支出，如政府各部门的事业费和投资拨款。转移性支出是指政府不获得直接经济利益补偿的单方面支出，如社会保障支出、各种补贴以及捐赠、对外援助支出等。这种分类便于分析财政支出对经济的影响。购买性支出主要是影响商品和劳务的生产和消费，可以调节经济结构，体现财政的资源配置职能；而转移性支出主要是影响收入分配，体现财政的收入分配职能。

2.财政支出按资金在社会再生产中的作用分类，可以分为补偿性支出、积累性支出和消费性支出。补偿性支出是用来补偿企业生产过程中生产资料消耗的支出；积累性支出是用来直接增加社会物质财富和国家物资储备的支出；消费性支出是财政用于社会共同消费方面的支出。

3.财政支出按具体用途分类，可以分为30多个大类。2007年，我国全面实施了政府收支分类改革，具体包括11类。新的政府支出统一以功能为标准，反映政府一般公共服务、国防、公共安全、教育、社会保障、医疗卫生、环境保护、政府经济事务等职能，体现政府一定时期内的方针政策、支出结构和资金的使用方向。

4.根据国际货币基金组织最新政府公共财政统计标准，政府支出按功能分类主要包括：（1）一般公共服务；（2）国防；（3）公共秩序和安全；（4）经济事务；（5）环境保护；（6）住房和社会福利设施；（7）医疗保障；（8）娱乐、文化和宗教；（9）教育；（10）社会保护。

根据国际货币基金组织最新政府公共财政统计标准，政府支出按经济性质分类主要包括：（1）雇员补偿；（2）商品和服务的使用；（3）固定资产的消耗；（4）利息；（5）补贴；（6）赠与；（7）社会福利；（8）其他开支。

三、财政支出的原则

财政支出的原则是财政资金分配过程中应遵循的具有客观规律性的基本准则，具体包括：支出总量适度的原则、优化支出结构的原则、讲究支出效益的原则。坚持财政支出总量适度原则，必须注意以下三个方面的问题：坚持量入为出的理财思想；以满足社会公共需要为目标；以实现经济稳定运行为调控目标。实现财政支出结构的优化，要处理好以下两个方面的关系：正确处理购买性支出与转移性支出的关系，正确处理投资性支出与公共消费性支出的关系。确定合理的财政支出规模和结构，其目的就是提高财政支出的效益，从这个意义上讲，提高财政支出的效益，是财政支出的核心问题。

四、财政支出的结构与效益

财政支出的结构是指各类财政支出占总支出的比重，也称财政支出构成。财政支出的结构直接关系到政府动员社会资源的程度，它对市场经济运行的影响可能比财政支出规模的影响更大。一国财政支出结构的现状及变化，表明了该国政府正在履行的重点职能以及变化趋势。近几年来，就财政支出政策来看，支出结构不断优化，对一般性竞争领域的投资减少，对公共管理和公共服务领域的财政投入增加，向“三农”倾斜，向薄弱环节、弱势群体和基层倾斜。

提高财政支出的经济效益，对生产性支出来说，就是要求尽可能地降低成本，取得盈利，即少投入，多产出；对非生产性支出来说，就是要“少花钱、多办事、办好事”。2002年以来，财政部开始在部分财政支出项目上开展财政支出绩效评价试点工作，按照统一的评价标准和原则，对财政支出的运行过程及其效果进行客观、公正的衡量比较和综合评判。开展财政支出绩效评价是财政管理发展到一定阶段后，进一步加强公共支出管理、提高财政资金有效性的客观选择。它不仅是财政管理方法的一种创新，而且是财政管理理念的一次革命。绩效评价将财政资金的管理建立在可衡量的绩效基础上，强调的是“结果导向”，或者说强调的是责任和效率。它增强了财政资源分配与使用部门绩效之间的联系，有助于提高财政支出的有效性。对政府部门来说，公众对政府机构提供公共服务的质量与成本的关注，有助于促进政府决策程序的规范化和民主化。开展财政支出绩效评价的意义是：有利于规范财政资金支出管理；有利于加强对财政部门权力的约束；有利于增强资金使用部门的责任感。它使资金使用部门从花大量时间、精力争项目、争资金转变为切实关注项目的可行性和如何用好资金。

一、单项选择题

1.世界各国的财政支出都以（　　）为主。

A.财政补贴　　B.无偿拨款　　C.有偿贷款　　D.转移支付

2.政府转移性支出是实现财政（　　）职能的主要方式。

A.调节收入分配　　B.配置资源　　C.稳定经济　　D.监督管理

3.财政用于经济建设支出的需要，属于（　　）。

A.实现国家基本职能的需要　　B.调节收入分配的需要

C.第二层次的需要　　D.监督管理的需要

4.在（　　）中，不存在交换的问题，它所体现的是政府的非市场性再分配活动。

A.转移性支出　　B.购买性支出　　C.投资性支出　　D.消费性支出

二、多项选择题

1.文教卫生支出属于（　　）。

A.积累性支出　　B.消费性支出　　C.生产性支出

D.非生产性支出　　E.购买性支出

2.下列属于转移性支出的是（　　）。

A.行政支出　　B.科技支出　　C.补贴支出

D.利息支出　　E.社会保障支出

3.按照最新政府收支分类体系，一般公共服务包括（　　）。

A.立法行政　　B.外事外交　　C.社会经济管理与服务

D.积累性支出　　E.基础科学与研究

4.按经济性质分类，财政支出可分为（　　）。

A.购买性支出　　B.转移性支出　　C.经济建设支出

D.行政管理支出　　E.社会保障性支出

5.按在社会再生产中的作用分类，财政支出可分为（　　）。

A.补偿性支出　　B.积累性支出　　C.消费性支出

D.转移性支出　　E.购买性支出

6.下列属于购买性支出的有（　　）。

A.国防支出　　B.外交支出　　C.补贴支出

D.对外援助支出　　E.教育支出

三、判断题

1.转移性支出主要影响收入分配，体现财政的收入分配职能。（　　）

2.2002年以来，财政部开始在部分财政支出项目上开展财政支出绩效评价试点工作。（　　）

3.政府对经济的干预程度越高，财政支出的规模越大。 （ ）

4.我国从2000年起开始实施政府收支分类改革。 （ ）

5.提高财政支出的效益，是财政支出的核心问题。 （ ）

6.处理投资性支出与公共消费性支出的关系，必须坚持“先维持，后发展”的顺序。 （ ）

7.处理购买性支出与转移性支出的关系，应遵循“效率优先、兼顾公平”的原则。 （ ）

8.坚持量入为出的理财思想，要求财政支出总量绝对不能超过收入总量。 （ ）

9.财政支出的规模、结构、内容和形式的变化，主要取决于政府职能及其范围的变化。 （ ）

10.成本效益法是绩效评价的方法之一。 （ ）

11.绩效评价将财政资金的管理建立在可衡量的绩效基础上，强调的是“结果导向”。 （ ）

12.政府购买性支出是财政的调节收入分配职能实现的主要方式。 （ ）

四、简答题

1.划分购买性支出与转移性支出的依据及其经济意义是什么？

2.在财政支出中如何贯彻支出总量适度原则？

3.如何提高财政支出的效益？

4.如何进行财政支出绩效评价？

五、案例分析题

2014年，各级财政将新型农村合作医疗和城镇居民基本医疗保险人均补助标准（相比2013年）提高40元，达到320元；同时，农民和城镇居民个人缴费标准在2013年的基础上提高20元，全国平均个人缴费标准达到每人每年90元左右。截止至2013年年末，全国参加城镇基本医疗保险的人数为57 073万人，比2012年年末增加3 431万人；2 489个县（市、区）实施了新型农村合作医疗制度，新型农村合作医疗参合率达99.0%。请结合自己所了解的实际情况，根据财政学的知识进行分析，提出自己的看法。

第三章　财政支出的内容

【学习目的与要求】

通过本章的学习，应掌握各项主要支出的内容、特点及与财政的关系，社会保障制度及财政补贴制度改革的具体情况；了解政府投资的特点及领域、支农政策的变化及成效等。

【重点、难点解析】

一、消费性支出

消费性支出包括行政管理支出、教育支出、科学技术支出、卫生支出、文化支出、体育支出等内容。

（1）行政管理支出，是国家各级权力机关、行政管理机关和外事机构行使其职能所需的各项费用支出。行政管理支出主要用于社会集中性消费，属于非生产性支出。虽然这项支出不会创造任何物质财富，但作为财政支出的基本内容之一，它保证了国家机器的正常运转。行政管理支出包括行政支出、公安支出、国家安全支出、司法检察支出和外交支出等内容。改革开放之前，我国行政管理费占财政支出的比重是比较低的，但改革开放以来，其呈现出逐步上升的趋势，而且在各项支出中增长的速度最快，占财政支出的比重持续上升。造成行政管理费增长较快的原因是多方面的，如经济总体增长水平、财政收支规模、政府职能、机构设置、行政效率以及行政管理费本身的使用效率等。随着经济体制改革的不断深化，客观上要求加快政治体制改革与之相适应，确保在市场经济体制下政府职能的合理转变，精简机构，压缩党政人员编制，加强对行政管理费的管理和约束，提高行政经费的效率，使行政管理费在财政支出和GDP中的比重趋于合理化。

（2）教育支出，是消费性支出中的重要内容。我国非常重视教育经费投入，财政支出中教育拨款的比例不断提高。目前，教育经费投入上存在的主要问题有：

①财政对教育的投入与实际需要相差较大。

②各级财政分级合理负担机制尚未形成。

③教育投入结构不够合理。要坚持公共教育资源向农村、中西部地区、贫困地区、边疆地区、民族地区倾斜，逐步缩小城乡、区域间的教育发展差距，推动公共教育协调发展。明确各级政府提供教育公共服务的职责，保证财政性教育经费增长幅度明显高于财政经常性收入增长幅度，逐步提高财政性教育经费占国内生产总值的比例。

（3）科学技术支出，包括科学技术管理事务、基础研究、应用研究、技术研究与开发、科技条件与服务、社会科学、科学技术普及、科技交流与合作、其他科学技术支出9项内容。理论性、基础性、公益性科研活动的公共产品属性决定了政府担负着扶持科学事业发展的重要任务，围绕提高全社会研究开发经费占国内生产总值的比例、到2020年使我国进入创新型国家行列的目标，科技投入可以归纳为5类：无偿资助类、贷款贴息类、税收返还类、税收减免类、财政补贴类。科技投入的热点问题包括：

①科技投入的主体——界定政府投入范围。

②增强自主创新能力——优化科技投入结构。

③集中资金办大事——提高财政资金使用效益。

二、投资性支出

投资性支出是指政府将一部分公共资金用于购置公共部门的资产，以满足社会公共需要所形成的支出。它是政府提供公共产品的基本手段，也是政府提供公共劳务的前提与基础。它具有公益性、无偿性、政策性等特点。政府公共投资的范围涵盖对整个国民经济体系起基础性作用、有利于提高国民经济整体运行效率，但同时又是微利或无利的项目，主要包括基础产业投资和农业投资。基础产业投资具有公用性、非独占性、不可分性的特性，这些属性决定了其具有“公共产品”的一般特征，加上基础设施尤其是大型基础设施大多具有资本密集性、建设周期长、投资回收慢的特点，民间投资很难也不愿意涉足，因此需要政府采取有力的干预政策，不断完善基础设施的投资和建设，这在经济欠发达国家和地区特别明显。从我国的实践经验来看，基础产业投资主要有以下几种形式：

（1）政府筹资建设，或免费提供，或收取使用费。

（2）私人出资，定期收费补偿成本并适当盈利；或由地方主管部门筹资建设，定期收费补偿成本。

（3）政府与民间共同投资的提供方式。

（4）政府投资，法人团体经营运作。

（5）BOT投资方式（建设—经营—转让）。

财政对农业投资的必要性主要表现为：

（1）农业部门的社会经济效益大而直接经济效益小，大量经济效益需要通过加工、流通部门辗转折射出来。

（2）农业对自然条件和基础设施的依赖性较强，而这些条件具有公益性特点，花钱多，涉及面广，个别单位和地区往往不愿意承担或无力承担，这就需要政府来承担起相应的投入职责。

（3）农业是风险行业，自然风险和市场风险并存，生产难免有周期波动。

（4）农产品需求弹性小，市场扩张处于不利地位，需要政府采取一定的方式进行扶持。

从世界各国的经验来看，财政对农业投资的特点表现为以下三个方面：

（1）以立法形式规定财政对农业的投资规模和环节，使农业的财政投资具有相对稳定性。

（2）财政投资范围应有明确界定，主要投资于以水利建设为核心的农业基础设施建设、农业科技推广、农村教育和培训等方面。

（3）注重农业科研活动，推动农业技术进步。

由于历史原因，我国农业发展相对滞后，并成为国民经济发展过程中的一个“瓶颈”因素。可喜的是，20世纪90年代末期以来，党中央、国务院看到了城乡收入分配差距、工农发展差距，也开始探索解决“农业、农村和农民收入”问题（简称“三农”问题）的有效途径。尤其是党的十六大以来，中央连续几年以颁布“一号”文件的方式，明确了“必须坚持把农业放在经济工作的首位，稳定党在农村的基本政策，深化农村改革，确保农业和农林经济发展、农民收入增加”的重要精神。

三、社会保障支出

社会保障是指国家通过立法，采取强制性手段对国民收入进行再分配，并集中形成社会消费性共同基金，对由于年老、疾病、伤残、失业、死亡以及其他灾难等的发生导致生活出现困难的社会成员，给予物质性社会援助，以保证其最低生活需要或基本生活需要的一系列有组织的措施、制度和事业。它包括社会保险、社会救助、社会福利和慈善事业。社会保障制度是以社会的共同力量对其成员因各种个人难以抗拒的客观原因导致其难以维持必要生活水平时提供的物质保证，是具有经济福利性质的社会稳定制度。

社会保险主要包括养老保险、失业保险、医疗保险、工伤保险和生育保险等项目。当前，我国已初步建立起基本养老保险、企业补充养老保险和个人储蓄性养老保险相结合的多层次养老保险体系，改过去那种现收现付制为基金积累制，保险基金由国家、企业和个人三方共同负担，实行社会保险统筹与个人账户结合的模式。

从理论上来看，社会保障资金的筹集方式主要有完全基金制、现收现付制和部分基金制。

目前，我国已建立起以企业职工基本养老保险、城镇职工基本医疗保险、城镇居民基本医疗保险、失业保险、工伤保险和生育保险等社会保险制度，以及城市居民最低生活保障、城市医疗救助等社会救助为主要内容的城镇社会保障体系基本框架，以新型农村合作医疗、农村最低生活保障、农村医疗救助、农村五保供养等制度为主要内容的农村社会保障体系也取得了长足进展，城乡社会保障事业发展逐步趋于协调。

四、财政补贴支出

财政补贴是指国家为了某种特定需要，通过财政分配，向企业或居民提供的无偿性补助支出。它具有政策性、灵活性、时效性的特征，主要包括以下三个方面的内容：价格补贴、企业亏损补贴、财政贴息。财政补贴作为政府宏观经济调控的一种手段，对社会经济生活有着直接或间接的影响，主要体现在：

（1）有效调节社会供求平衡，维护宏观经济稳定。

（2）促进社会资源的优化配置。

（3）配合自然垄断领域的管制价格，提供社会福利。

（4）调节收入分配，缩小居民收入差距。

进一步改革我国的财政补贴制度，主要解决以下问题：

（1）财政补贴应尽量减少对市场机制的干扰。

（2）财政补贴应适时、适度地调整其规模，优化补贴结构。

（3）财政补贴应与其他政策配合使用，促进国民经济发展。

（4）规范财政补贴管理，提高补贴效率。

一、单项选择题

1.提供公共秩序产品体现的是政府的（　　）职能。

A.社会公共服务　　B.经济

C.政治　　D.社会保障

2.社会保障体系的主体部分是（　　）。

A.最低生活保障　　B.社会优抚　　C.社会保险　　D.社会救济

3.保险费率需要经常进行调整的社会保险基金筹集方式是（　　）。

A.完全基金制　　B.权责发生制　　C.部分基金制　　D.现收现付制

4.政府投资的根本目的在于投资项目的（　　）。

A.社会效益　　B.大型化　　C.经济效益　　D.环境效益

5.政府投资不应参与的领域是（　　）。

A.社会公益项目　　B.经济基础类项目　　C.竞争类项目　　D.境外投资项目

二、多项选择题

1.购买性支出的主要内容包括（　　）。

A.国防费　　B.行政管理费　　C.文教科卫支出

D.经济建设支出　　E.社会救济费

2.财政补贴具有的特征包括（　　）。

A.政策性　　B.灵活性　　C.固定性

D.可控性　　E.时效性

3.政府购买性支出能直接影响（　　）。

A.收入分配　　B.国民经济总量　　C.国民经济结构

D.资源配置　　E.就业

4.一般认为，属于纯公共需要的购买性支出包括（　　）。

A.国防费　　B.教育经费　　C.科研经费

D.医疗事业费　　E.行政管理费

5.转移性支出的主要内容包括（　　）。

A.社会保障支出　　B.财政补贴支出

C.税收支出　　D.政府债务的利息支出

E.中央政府对地方政府的税收返还或补助

6.我国财政补贴的主要内容包括（　　）。

A.价格补贴　　B.政策性亏损补贴　　C.福利补贴

D.财政贴息　　E.税收支出

7.我国社会保障制度的主要内容包括（　　）。

A.社会保险　　B.财政贴息　　C.社会福利

D.社会救济　　E.社会优抚

8.主要由国家财政支出支撑的保障项目包括（　　）。

A.社会救济　　B.社会福利　　C.优抚安置

D.养老保险　　E.社区服务

三、判断题

1.政府各部门事业费中的工资经费属于转移性支出。（　　）

2.目前，我国已经建立了城镇职工基本医疗保险制度。（　　）

3.一般来说，发达国家政府投资支出的比重比发展中国家低。（　　）

4.政府购买性支出一般不必遵循等价交换的原则。（　　）

5.1997年，我国出台了《国务院关于建立统一的企业职工基本养老保险制度的决定》，将全国各地的养老保险办法统一起来。（　　）

6.对于那些可以通过市场交换来充分弥补其成本的科学研究，原则上财政不再承担其经费。（　　）

7.医疗卫生服务的利益完全是私人化的，因此医疗卫生服务主要不是由政府出资提供。（　　）

8.财政补贴的范围应限定在市场机制不能充分发挥作用的领域。（　　）

四、问答题

1.如何控制行政管理经费过快增长？

2.财政如何支持教育发展？

3.政府投资具有哪些特点？

4.我国目前的社会保障制度主要包括哪些内容？

5.我国财政补贴的主要内容有哪些？

五、案例分析题

1.近年来，财政对农业投入增长较多，扶持政策不断出台。但部分农产品价格持续上涨，超市中某些蔬菜的价格高得惊人，好些品种每500克的价格都超过了10元。2014年，生姜的零售价由年初每千克12元涨到年中的每千克26元，一些品相较好的生姜价格已超过猪肉和鲤鱼。“姜你军”再度来袭，连西红柿、大葱等普通蔬菜的价格也大幅上涨，大家都说吃不起。究竟哪些环节出了问题？农民、消费者有没有从财政政策中受益？请作出判断，并运用财政学的知识分析原因、背景、解决办法。

2.为了扩大学校规模、优化教育资源配置，自2003年起，全国各地开始实施农村中小学布局调整，也即“撤点并校”。但随之而来的农村孩子上学难、废校利用难、学生辍学、城乡教育差距拉大等新问题也让各地始料未及，有的小学低年级学生冒雨独自走几公里山路上学，有的家庭被迫在新学校附近租房住，有的县镇学校人满为患。为此，江西等9省的130个县在2013年陆续恢复已撤并的1 099个农村教学点。2016年，新疆维吾尔自治区在充分听取了农村居民的意见后，保留了部分教学点，并且投入大量财政资金完善教学设施，加强硬件建设，还在教师职称评聘上向教学点教师倾斜。通过城乡教师交流制度、先进的远程教育设备，让教学点学生享受到优质教育资源。结合所学的财政支出知识分析教育改革，谈谈自己的看法。

第四章　财政收入

【学习目的与要求】

通过本章的学习，应掌握财政收入的基本概念，领会财政收入的含义、形式、结构，了解增加财政收入的途径。

【重点、难点解析】

一、财政收入的含义及形式

财政收入是指政府为了履行其职能，保证社会公共需要，依法筹集的货币收入。它是政府提供公共产品的物质保证，也是为公众提供服务、实施有效管理的强大后盾。

国家筹集财政收入的主要目的是实现其职能，满足社会公共需要。

中华人民共和国成立后，我国的财政收入形式经过多次改革，目前我国取得财政收入有税、利、债、费等形式，即税收、国有企业利润上缴、公债、公共收费等，它也可以简单地分为税收收入和非税收入两种。

（1）税收是国家凭借政治权力，按照法律规定，无偿、强制地筹集财政收入的形式。它是世界各国通常采用的，最适合、最有效的财政收入形式。

（2）国有企业利润上缴是政府依据财产所有权从国有企业利润中收取的国有资产收益。在社会主义市场经济条件下，国有资产收益还包括租金、股息、分红、资金占用费、国有股权转让收益等。

（3）公债是国家通过借贷方式从国内外取得的有偿收入。它通常是国家为弥补财政赤字或调节经济运行而采取的一种特殊的筹集财政资金的形式，是正常财政收入形式的一种补充。

（4）公共收费是政府公共部门在向单位和个人提供各项服务时，向服务对象收取的费用，通常也称为行政事业性收费，具体包括规费收入、事业性收费收入等。

二、增加财政收入的途径

增加财政收入的正确途径有：

1.发展经济，培育财源

财源建设作为财源开发与财源培植活动的概括反映，是拓宽财源渠道、扩大财政收入规模的内在要求，是提高财政收入占国内生产总值比重的前提条件。要逐步缓解财政资金供求矛盾、实现财政状况的根本好转和财政经济的良性循环，就必须加大力度，加快财源建设步伐。

2.加强管理，堵塞漏洞

加强财政收入管理要做好以下工作：一是建立健全管理制度，提高收入管理的规范性；二是提高人员素质；三是推动财政工作信息化和财政管理现代化。

3.提高财政收入质量

从成熟市场经济国家的情况来看，一般都以税收作为财政收入的主要来源。但我国有一些地区非税收入的比重较高，有的城市非税收入占财政收入的一半，这是财政收入质量不高的表现。分析其原因，是由于某些地方政府财政收入征收秩序不规范，把乱摊派、乱收费、乱罚款当作增加本地财政收入的一项有力措施。

4.重视对乱收费行为的治理

近年来，我国虽然相继组织对政府行政性收费进行清理，治理力度也一年比一年加大，并采取了包括上收收费审批权限、实行收费资金收支两条线管理、降低收费标准、分批公布取消不合理收费等一系列政策措施，但有些政策一些地方政府及部门并没有很好落实，往往是取消了一批，又设立一批新的项目，或者将旧项目变换为另一名堂变相恢复收取，有的甚至变本加厉、有增无减。税外收费项目多、规模大、增长快、支出混乱等问题始终未能得到解决。治理乱收费的对策有：

（1）转变政府职能。

（2）加强预算管理。

（3）完善法制，依法治费。

（4）清理收费项目。

要按照“正税清费，分类规范”两个原则，不断强化政府非税收入管理。

三、财政收入结构

财政收入结构是指财政收入的项目组成及各项目收入在财政收入总体中的比重，一般包括价值构成、所有制构成和部门构成。

1.财政收入的价值构成

财政收入的价值构成主要是针对财政收入与社会产品的价值构成c、v、m之间关系的阐述。

（1）c与财政收入。c是补偿社会产品消耗掉的生产资料的价值。它可以分为两部分：一部分是补偿在生产中消耗掉的原材料（如材料、燃料、辅助材料等）的价值；另一部分是补偿在生产中消耗掉的固定资产的价值。改革开放以前，我国在传统的高度集中的财政体制下，国有企业的折旧基金曾全部或部分地上缴财政，作为财政收入的一个来源。

（2）v与财政收入。v是在社会产品生产过程中以薪金报酬形式支付给劳动者个人的必要劳动转移的价值，即劳动者个人所得的各种报酬。从我国目前的情况来看，来自于v这一部分的财政收入主要有以下几条渠道：一是直接向个人征收的税收（如个人所得税）；二是直接向个人收取的规费、社会保障费和罚没收入；三是国家出售高税率的消费品（如烟、酒、化妆品等）所获得的一部分收入，这部分收入实质上也是由v转化而来的；四是服务性行业和文化娱乐业等企事业单位上交的税收和利润，其中一部分是通过对v的再分配转化而来的；五是居民购买的国债。今后，随着我国社会主义市场经济体制的不断完善和国民经济的全面发展，个人收入水平将不断提高，财政收入来源于v的部分将会逐步扩大。

（3）m与财政收入。m是新创造的、归社会支配的剩余产品价值。它是财政收入的基本源泉。从社会总产品的价值构成来看，财政收入主要来自于m，只有m多了，财政收入的增长才有坚实的基础。在我国社会主义市场经济条件下，财政收入规模的增减是以整个国民经济盈利水平为转移的，直接反映着国民经济的综合效益。因此，提高财政收入规模的根本途径就是增加m。

2.财政收入的所有制构成

财政收入的所有制构成也称财政收入的经济成分构成，即财政收入由不同所有制或经济成分的经营单位各自上缴的税金、利润等组成。从所有制角度来看，我国财政收入主要来源于国有经济和非国有经济两个部分。

（1）国有经济与财政收入。国有经济目前是我国财政收入最主要的来源。国家主要通过规范的税收形式和国有资产收益形式从国有经济中获取财政收入，并通过发挥国有制经济的主导作用，为整个国民经济（包括非国有经济）的发展奠定良好的基础，从而间接地增加财政收入。

（2）非国有经济与财政收入。非国有经济包括集体经济、个体经济、民营经济、"三资"企业和其他混合经济中的非国有成分。随着非国有经济的迅速发展，其逐步成为国家财政收入的主要来源。

3.财政收入的部门构成

财政收入的部门构成是指国民经济中各部门对财政收入的贡献程度，即财政收入是从哪些部门集中的，集中的比例有多大。其主要表现为以下三个方面：

（1）农业与财政收入。农业是国民经济的基础，是国民经济其他各部门赖以生存的基本条件，也是财政收入的重要来源。这主要表现为：一是通过农（牧）业税及农村的其他税收向财政直接提供收入（注：我国目前已取消除烟叶特产税外的农林特产税和农（牧）业税）；二是间接为财政提供收入，即通过一定的方式将农业部门创造的一部分剩余价值转移到工业部门负税。

（2）工业与财政收入。工业是国民经济的主导。目前，我国工业产值占当年GDP的比重最大，而且工业部门的劳动生产率和剩余产品价值率都比农业高；同时，我国工商税收大多选择在产制环节征收，因此来自工业部门的财政收入最多。工业的发展对财政收入的增长起着决定性作用。

（3）交通运输业、商业与财政收入。交通运输业和商业是连接生产与消费的桥梁和纽带，是生产过程的继续，也是实现商品的价值和使用价值的重要环节。交通运输作为生产在流通领域的继续，不但创造劳动价值，而且还沟通商品交换，促进商品流通，对最终实现工农业产品价值和财政收入起着重要的保证作用。商业是以货币为媒介从事商品交换的活动，是商品的价值和使用价值的实现过程。商业活动创造的部分价值直接为财政提供一部分收入，而且还通过商品交换实现工农部门创造的产品价值，实现财政收入。

另外，建筑、金融、保险、旅游、饮食、娱乐业等产业也随着生产力的发展和产业结构的变化迅速发展起来，并逐步成为财政收入的重要来源。

一、单项选择题

1.下列项目中，属于财政收入最主要来源的是（　　）。

A.税收　B.国有资产收益

C.公债　D.规费

2.在财政各收入项目中，由国家采取有偿原则取得的是（　　）。

A.税收　B.国有资产收益　C.公债　D.规费

3.在财政收入的价值构成中，（　　）是最主要的来源。

A.c　B.v　C.m　D.v+m

4.在我国目前的财政收入项目中，按规定标准向特定服务对象收取的是（　　）。

A.国有资产收益　B.税收收入　C.行政事业性收费　D.国债收入

5.从部门构成来看，目前我国财政收入主要来自于（　　）。

A.农业　B.工业　C.商业　D.交通运输业

二、多项选择题

1.我国财政收入的形式主要有（　　）。

A.税收　B.商品销售收入　C.国有资产收益

D.公债　E.公产收入

2.政府部门在履行职能时取得的财政收入有（　　）。

A.税收收入　B.债务收入　C.规费收入

D.公产收入　E.罚没收入

3.目前，我国来自v的财政收入主要有（　　）等。

A.直接向个人征税

B.居民购买的国库券

C.直接向个人收取的规费和罚没收入

D.国家出售高税率的消费品所获得的收入

E.文化娱乐服务业等企事业单位上缴的税收

三、判断题

1.所有的财政收入都是国家通过无偿的、强制的方式取得的。（　　）

2.在市场经济条件下，公债是财政收入最主要的形式。（　　）

3.在我国的财政收入中，第二产业所占的比重最高，第一产业次之，第三产业最低。（　　）

4.经济发展水平是制约财政收入规模最基础、最重要的因素。（　　）

5.1994年以来，我国中央财政收入所占比重逐年上升。（　　）

6.财政收入与企业生产成本在量上是一种此消彼长的关系，成本上升，财政收入相应减少。（　　）

四、问答题

1.财政收入的形式有哪些？

2.增加财政收入的正确途径是什么？

3.目前我国财政收入来自价值v的部分有哪些？

五、案例分析题

多年以来，上海市对私人轿车的车牌号一直采取拍卖的方式，以此控制新增机动车总量、缓解交通拥堵问题。近年拍卖价已攀升至7万~9万元，薄薄一块车牌因此被称为“世界上最贵的铁皮”。与此类似，河南省驻马店市2014年3月4日对小型客车“吉祥”车牌号公开竞价发放，包括4连号（即1234或5678）、4同号（8888或9999）特别号牌。共有55副车牌号码成交，总价近759.1万元，其中，豫QS8888、豫QS9999分别拍出120万元的高价。公开竞价所得款项作为财政收入，用于建立道路交通事故社会救助基金。对于此举，赞成的人觉得公开拍卖“吉祥”车牌号公开、公平、公正；也有人认为，“吉祥”车牌号拍卖容易滋生腐败，不值得宣扬和提倡。在实际生活中，除了税收收入外，地方政府还通过土地出让金、行政事业性收费、国有资产、基金、彩票、罚没收入等途径取得财政收入。结合自己的所见所闻，分析政府财政收入的结构，并提出自己的看法。

第五章　税　收

【学习目的与要求】

通过本章的学习，应掌握税收的基础知识，理解税收的概念、与公共产品的关系，领会税制构成要素，熟悉我国现行税制、主要税种、税制改革等内容。

【重点、难点解析】

一、税收的概念及在财政收入中的地位

税收是指国家为了实现其职能，凭借政治权力，按照法律规定的标准和程序，参与社会产品或国民收入的分配与再分配，强制地、无偿地取得财政收入的一种形式。它是政府取得财政收入的最主要形式。

二、税收的分类

1.按课税对象的性质，税收可以分为流转额课税、所得（收益）额课税、资源课税、财产课税及行为课税五大类。

2.按征收的实体，税收可以分为实物税和货币税两类。

3.按计税标准，税收可以分为从价税和从量税两类。

4.按税收负担能否转嫁，税收可以分为直接税和间接税两类。

5.按税种归属与管理权，税收可以分为中央税、地方税和中央与地方共享税三类。

三、税收制度

税收制度是指一个国家在一定时期内，根据社会经济发展的需要和国家承担的职责，以立法形式制定的征税的各种准则和办法的统称，包括税收法规、条例、施行细则以及征收管理办法等。税收制度是国家财政经济制度的主要组成部分。

税制模式是指一个国家在一定时期内税种的组成。按税制结构分类，其可以分为单一税制和复合税制。

税制构成要素主要包括纳税人、课税对象、税目、税率、纳税环节、纳税期限、减免税、加成和附加、起征点和免征额、违章处理等内容。其中，纳税人、课税对象、税率是构成税收制度三个最基本的要素。

我国现行税制是1994年1月1日以来实行的分税制，是以流转额课税、所得（收益）额课税为主体，以资源课税、财产课税及行为课税作为辅助和补充的复合税制。

四、主要税种

增值税是以商品生产流通和劳务服务各个环节所创造的新增价值额为征税对象的一

种税。这个“增值额”也可理解为，纳税人在一定时期内销售商品或者提供劳务所取得的收入，大于其购进商品或接受劳务时所支付的金额的差额。增值税有两个显著的特点（优点）：第一，避免了重复征税。它只就商品销售额中的增值部分征税，对商品销售额中已征过税的部分不再征税，这就不会出现重复征税的现象，也不会因为生产环节或流转环节的变化而造成税收负担上的不平衡，从而适应了社会化大生产的需要，有利于促进专业化生产和生产结构的调整。第二，有利于稳定财政收入。一种商品从制造、批发到零售的各个环节，只要有增值因素，每经过一个环节就征一道税，具有征收上的普遍性和连续性，有利于及时、稳定地组织财政收入。由于设计中采取以票抵扣的做法，最大限度地防止了偷逃税。

消费税是对在我国境内生产、委托加工和进口的应税消费品征收的一种税。它是1994年税制改革中新设置的一个税种。在新的流转税制中，它与增值税相配合，形成双层次调节：增值税发挥普遍调节作用，以保证财政收入的稳定增长为主要功能；消费税作为特殊调节税种，其宗旨是调节产品结构、引导消费方向、增加财政收入。

企业所得税是指对中华人民共和国境内的一切企业，就其来源于中国境内外的生产经营所得和其他所得征收的一种税。企业所得税的税率为25%，以企业每一纳税年度的收入总额减除不征税收入、免税收入、各项扣除以及允许弥补的以前年度亏损后的余额为应纳税所得额。

个人所得税是对个人（自然人）取得的应纳税所得征收的一种税，这是国家调节居民间收入分配差距的重要经济手段。

除了上述税种外，我国还开征了资源税、土地增值税、城市维护建设税、车船税、车辆购置税、烟叶税、城镇土地使用税、印花税、房产税、契税、耕地占用税、关税、环境保护税。

五、税制改革

税收制度是我国财政改革的重要方面。1980年以前，我国只对国有企业征收工商税，对集体企业征收工商税和工商所得税。除此之外，只对个人征收少量的城市地产税、车船使用牌照税和屠宰税。这种税制实际上是单一的货物税制，是统收统支财政体制的产物。改革开放40年来，中国税收制度适应经济体制的变革，经历了两次较大的改革，已由单一货物税制逐步转向以流转税和所得税为主体、其他一系列税种相配合的复合税制。1994年的税制改革放弃了原有那种以“外延式”调整为主的旧思路。其基本内容可以概括为：按照公正、透明、效率优先原则，调整了流转税制，建立了以增值税为主、消费税为辅的流转税调节体系，为市场机制运行创造了良好的税收环境；归并和统一了所得税制；开征了土地增值税，以适应房地产业的发展；改革了税收征管体制，实行中央税和地方税分开征收、两条线垂直管理的体制。经过这次改革，我国初步完成了从计划经济税收体制向市场经济税收体制的转变，使税收体制步入了法制化的轨道，从而促进了财政收入的稳定增长。

从2006年起，我国取消了农业税，延续了2 600多年的农业税在中国画上了句号。被称为德政之举的这项改革，充分体现了我国政府对广大农民的关爱、对农村繁荣的关心、对农业发展的关注，是解决“三农”问题的重大战略性举措。取消农业税，完善和规范了国家与农民的利益关系，可以更好地维护9亿农民的根本利益，促进城乡居民共同富裕，实现更大范围、更高水平的小康。取消农业税，不仅能降低农业生产经营成本，提高农业效益和农产品市场竞争力，而且能够调动种粮农民的积极性，增强粮食综合生产能力，维护国家粮食安全；同时，也把农业和农村发展纳入整个现代化进程，让亿万农民共享现代化成果。取消农业税，增加农民收入，使亿万农民的潜在购买意愿转化为巨大的现实消费需求，将进一步提高农村消费水平，从而拉动整个经济的持续增长，盘活国民经济全局。全面取消农业税，实行工业反哺农业，城市支持农村和多予、少取、放活的方针，加大各级政府对农业和农村投入的力度，让公共财政的阳光更大范围地覆盖农村，能够充分调动广大农民的积极性，保证社会主义新农村建设始终有力、有序、有效地推进。

一、单项选择题

1.国家征税凭借的权力是（　　）。

A.资产所有权　　B.政治权力

C.财产权　　D.经济管理权

2.一种税区别于另一种税的标志是（　　）。

A.纳税人　　B.税率　　C.纳税环节　　D.课税对象

3.主要解决“对谁征税问题”的税制构成要素是（　　）。

A.纳税人　　B.课税对象　　C.税率　　D.税基

4.能体现课税尺度、是税制核心的税制构成要素是（　　）。

A.纳税人　　B.课税对象　　C.税率　　D.加征加成

5.最能体现量能纳税原则的税率形式是（　　）。

A.比例税率　　B.累进税率　　C.固定税额　　D.浮动税率

6.我国现行税制开始实行的时间是（　　）。

A.1978年　　B.1988年　　C.1994年　　D.2004年

7.下列项目中，属于流转税的是（　　）。

A.消费税　　B.个人所得税　　C.契税　　D.证券交易税

二、多项选择题

1.以课税对象为标准，税收可以分为（　　）。

A.流转课税　　B.所得课税　　C.资源课税

D.财产课税　　E.行为课税

2.一般来说，比例税率的形式主要包括（　　）。

A.协议比例税率　　B.幅度比例税率　　C.差别比例税率

D.单一比例税率　　E.固定比例税率

3.我国现行税制的主要税类包括（　　）。

A.流转税　　B.所得税　　C.资源税

D.财产税　　E.行为税

4.按税收负担能否转嫁，税收可分为（　　）。

A.流转税　　B.所得税　　C.直接税

D.间接税　　E.行为税

5.我国现行税制中流转税主要有（　　）。

A.增值税　　B.企业所得税　　C.房产税

D.关税　　E.消费税

6.下列项目中，属于所得税的有（　　）。

A.增值税　　B.企业所得税　　C.个人所得税

D.农（牧）业税　　E.车船使用税

7.在下列税制构成要素中，构成税收制度最基本的要素的有（　　）。

A.纳税人　　B.课税对象　　C.税率

D.纳税环节　　E.纳税期限

三、判断题

1.税收的征收主体是税务机关。（　　）

2.国家征税的依据是经济管理权。（　　）

3.国家征税的目的是满足社会公共需要。（　　）

4.比例税率最能体现公平、量能纳税的原则。（　　）

5.税收制度的核心是税法。（　　）

6.课税对象是区别一种税与另一种税的主要标志。（　　）

7.税率是税收制度的核心，主要解决“征收多少税”的问题。（　　）

8.税率能体现国家课税的尺度或深度。（　　）

四、简答题

1.税收制度是由哪些要素构成的？

2.简述1994年税制改革的基本情况。

3.简述我国农村税费改革过程及其意义。

4.所得税的特点是什么？

五、案例分析题

1.英国经济学家哥尔柏说过：“税收这种技术，就是拔最多的鹅毛，听最少的鹅叫。”印花税就是具有“听最少鹅叫”特色的税种。它的产生有深刻的政治、经济根源，也具有一定的传奇色彩。请你根据所学过的财政学理论，分析其包含的财政意义，并分析它对我国的财税改革有什么样的启示。

2.近几年来，国内舆论把开征房产税看作控制房价的“杀手锏”，纷纷提出对非经营性居民住宅征收房产税，官方也多次表态推进房地产税制改革。1986年颁布至今的《中华人民共和国房产税暂行条例》规定，“个人所有非营业用的房产”免纳房产税。2011年1月28日，重庆、上海两市开始试点房产税改革。上海市对本市居民家庭在本市新购且属于该居民家庭第二套及以上的住房、非本市居民家庭在本市新购的住房征收房产税。房产税暂按应税住房市场交易价格的70%计算缴纳，适用税率暂定为0.6%。

据统计，全世界对住宅征收房产税的国家和地区有40个左右，都是经济发达地区。

18世纪末，美国开始征收财产税，到19世纪中期各州普遍开征了财产税。扣除通货膨胀因素之后的统计显示，1997—2006年美国房价总体上涨了57%。1991年日本为了调控房价，设立了地价税，但并没有起到应有的作用，房地产泡沫破灭后，1998年地价税被停止征收。韩国2005年开征了综合房地产的持有税，试图抑制房价攀升，但事与愿违。

对非经营性居民住宅征收房产税能不能起到抑制房价上涨的作用，争议还在继续。结合其他相关资料，运用所学财税知识进行分析，互相讨论，并归纳自己的看法。

第六章　公　债

【学习目的与要求】

通过本章的学习，应掌握公债的含义及其产生和发展状况，了解公债与财政的关系、公债的承受及偿付能力、公债的发行与管理以及内外债务的规模。学生在学习本章时，要了解公债的含义及公债与财政的关系，并结合我国现阶段公债的运行状况对其承受及偿付能力进行分析，正确认识我国内外公债市场。

【重点、难点解析】

一、关于公债与财政的关系

1.公债与财政收支的关系最为直接，也最为密切。首先，发行公债一般是为了弥补某一时期的财政赤字，保证一定规模的财政支出，从而满足经济增长的资金需求；其次，公债主要依靠以后年度的财政收入偿还，而当时的财政收入状况直接决定了公债到期能否顺利偿还。

2.从公债与财政收入的关系上看，广义上，公债也是财政收入的一部分，无论是将公债作为财政收入看待，还是作为赤字看待，都是以财政税收作为担保的，公债是财政税收最重要的补充。作为财政收入主体的公债，最初就是因为税收不能满足财政支出需要而产生的。随着政府社会和经济活动领域的不断扩大，税收不能满足支出的需要已成为大多数实行市场经济体制的国家普遍存在的现象，若靠增加税种或提高税率来扩大收入规模，会对经济发展产生抑制作用，不利于国民经济的增长。因此，向国内居民举借债务，成为大多数国家财政弥补税收不足最常用的方法。

3.从公债与财政支出的关系上看，财政支出的规模直接影响着公债的发行规模。公债发行规模的扩大，意味着可供财政支配的资金增多，为扩大财政支出创造了条件。同时，财政发行公债是有偿的，是未来财政收入的预支，到期必须还本付息。因此，当期公债的发行规模必然要影响到将来的财政支出。

4.从公债与财政赤字的关系上看，财政赤字是发行公债的重要原因。财政赤字就是财政年度中财政支出大于财政收入的差额，公债的发行就是为了弥补这个差额。公债是弥补财政赤字的理想方式，首先，发行公债筹集财政资金，较课税来得及时迅速，而且什么时间发行，主动权掌握在国家手中。其次，根据财政收支不同性质的矛盾，以及财政支出的不同需要，国家可以发行形式多样的公债。比如，为弥补财政季节性收支差额，可发行短期公债；为弥补年度财政收支差额，可发行中期公债；为解决国家重点建设项目的资金不足，可发行长期建设公债；为偿还旧债，可以发行新债等。公债的发行及时、灵活、方便，是弥补财政赤字的理想方式。

二、适度的公债规模的分析

公债规模通常是指年末公债余额，而年末公债余额是由两部分构成的：一部分是以前年度发行的至本年年末尚未偿还的部分；另一部分是本年度新发行的至本年年末尚未偿还的部分。公债规模的大小并不仅仅是一个绝对量的表现，还受多种因素的影响和制约。确定合理的公债规模，取决于多种因素，概括地讲，包括政治因素与经济因素。

影响公债规模的首要因素是国家需要资金量的多少，国家需要量大，则发行量大；反之，国家需要量小，则发行量小。当前，各国不举借公债的很少，但发行规模却有很大差异。这不仅和各个国家的财政状况有直接关系，还取决于该国奉行的公债政策——是适度偏小，以偿还能力为限，还是越多越好，以满足需要为宜。其次是政治局势，剔除强制发行的因素，人们对政府的信赖程度，特别是政治局势安定与否，是承购者是否愿意购买公债的重要原因。

社会经济发展水平的高低，决定了国家运用公债政策的程度。只有商品经济的发展达到一定的水平，社会物质财富才会有相当的积累；国民生活水平普遍富足、社会游资增多，国家才有可能大规模举借债务。也只有经济发展了，各种金融机构才可能发挥其助国举债的功能。公债规模的大小，主要取决于公债的承受能力和偿付能力。衡量公债发行主体承受能力的主要指标是公债依存度和公债偿债率。衡量公债发行对象承受能力的指标很多，其中最主要的指标是国民经济承担率。确定公债发行量还必须考虑到公债的偿付能力，最重要的是考虑公债承受能力与公债偿付能力的对比状况。通常认为，当公债负担持续几年小于偿债能力时，公债负担便是安全的。而在持续出现公债负担大于或等于偿债能力的现象时，就应缩小公债规模。这是因为国家财政只能支配国民收入中的一部分，偿付公债只能从国家财政收入中支付，偿付能力表现为国家财政收入中扣除最低限度的一般财政支出后的财力。再进一步分析，一个国家的财政收入必须用于满足社会一般公共需要和其他方面的需求，不可能全部用于偿还债务；如果将满足社会一般公共需要和其他方面需求的支出称为财政一般支出，从国家职能上讲，这些一般支出在一定时期内必定有一个最低的极限值，财政支出若低于该极限值，国家财政将无法行使其应有的职能。因此，公债的最大偿付能力就是从国家财政收入中扣除最低限度的一般支出后的财力。

公债规模主要由公债承受能力、偿付能力所决定。除此之外，公债的存量结构与投向结构、公债发行的经济背景以及中央政府在公开市场上操作公债的能力等因素对公债规模的形成也有不同程度的影响。政府应综合考虑上述诸因素，合理确定公债规模。

三、公债的发行与管理

公债发行价格的确定大致有以下三种：平价发行、折价发行、溢价发行。公债发行价格应视公债的利率水平，发行时的财政、金融状况以及国民应债能力的不同来确定。公债的发行方式有公募法、承购法、公卖法、支付发行法、强制摊派法等。公债偿还的资金来源包括基金偿还、预算盈余偿还、预算列支偿还和借新债偿还旧债等。

从我国目前的情况来看，公债品种比较单一，公债的流通市场不够活跃。公债的品种与公债的流通市场之间有密切的关系，如果公债的品种单一，公债的流通市场不可能兴旺。而公债的二级流通市场与公债的一级发行市场也有密切的关系。要使公债的发行长期化、正常化，必须要建立一个发达的流通市场，而在发达的流通市场中，必须有品种较多的公债。所以，对公债管理者来说，必须要研究市场中各种资金的性质，结合财政的需要，发行品种多样的公债，为健全发达流通市场，提供品种多样的金融商品。

政府要健全公债的市场运行机制，完善一级市场发行体系，进一步探索采取多种市场化的发行方式，理顺二级市场的框架体系。把银行间债券交易场所发展成机构间的场外交易市场，按照规范的场外交易规则进行交易，从而提高公债的流动性；拓展二级市场的参与主体，任何投资者都可以通过中央公债登记公司的托管结算系统参与公债投资，在货币市场与资本市场之间开拓一条以公债为媒介的渠道，为社会资金的流动性提供保证，也便于央行货币政策顺畅地传递。充分利用现有交易所的交易网络，引导一些中小投资者购买公债，规范并促进交易所的公债交易，使之成为一个零售性的场内交易市场。在上述场外、场内市场发展的基础上，建立统一的公债托管结算系统，确保公债市场乃至整个金融市场的安全、高效运行，这也有利于建立公债发行市场的良性循环机制。

一、单项选择题

1.一般认为，公债最早出现在（　　）。

A.奴隶社会　　B.封建社会

C.资本主义社会　　D.社会主义社会

2.最能体现市场价格水平的债券发行方式是（　　）。

A.溢价发行　　B.平价发行　　C.公募招标　　D.承购包销

3.为弥补季度间财政收支差额，可发行（　　）。

A.短期公债　　B.长期公债　　C.无期公债　　D.中期公债

4.政府在发行长期公债时应考虑到的重要因素是（　　）。

A.承受能力　　B.偿付能力　　C.通货膨胀　　D.社会经济发展水平

5.下面不具有短期公债特点的是（　　）。

A.发行困难　　B.流动性大　　C.风险小　　D.发行容易

二、多项选择题

1.公债的发行价格有（　　）。

A.批发价发行　　B.折价发行　　C.平价发行

D.零售价发行　　E.溢价发行

2.在现代财政中，公债作为税收的补充主要表现为（　　）。

A.弥补税收在调节收入分配结构方面的不足

B.补充税种数量的不足

C.弥补税种在调节收入分配结构方面的不足

D.补充税收数量的不足

E.减轻税收负担

3.公债按照流动特点可分为（　　）。

A.自由购买公债　B.非自由购买公债　C.上市公债

D.非上市公债　E.保值公债

4.目前我国的公债种类有（　　）。

A.记账式国库券　B.记账式公债　C.无记名公债

D.凭证式公债　E.折实公债

5.决定公债利率高低的因素有（　　）。

A.社会经济发展水平　B.金融市场的利率　C.国家信用

D.社会资金供应量　E.公债偿还期限长短

三、判断题

1.公债不是弥补财政赤字的理想方式。（　　）

2.财政支出结构影响着公债的结构。（　　）

3.筹集财政资金、弥补财政赤字是公债的初始职能。（　　）

4.影响公债规模的首要因素是银行的储蓄水平。（　　）

5.税收具有有偿性，而公债是无偿的。（　　）

四、问答题

1.公债产生的原因及其发展条件是什么?

2.公债利率的确定应考虑哪些因素?

3.试分析公债发行对象的承受能力。

五、案例分析题

自1995年起施行的《中华人民共和国预算法》（以下简称《预算法》）第二十八条规定："除法律和国务院另有规定外，地方政府不得发行地方政府债券。"2014年修改通过的《预算法》允许省级政府发行债券。为化解地方政府的债务风险，国务院决定从2015年起用3年左右的时间置换14.34万亿元的地方政府存量债务。截至2017年12月25日，当年全国各地方政府共发行1 132只地方政府债券，总规模为4.36万亿元。其中，新增债券1.58万亿元、置换债2.77万亿元，加上2015—2016年累计8万亿元的置换债规模，地方政府已经置换债务10.8万亿元。结合本章所学的财政学知识，分析为什么放开省级政府发行政府债券，发行置换债券有什么好处。

第七章　财政管理及体制

【学习目的与要求】

通过本章的学习，应掌握预算编制、执行全过程，财政管理体制及其改革，财政管理改革的内容。要求学生在学习本章时，首先要了解政府预算的基本理论；其次要熟悉政府预算编制、执行的操作，注重理论和实践的结合；最后是联系实际，理解财政管理体制及财政管理改革的内容。

【重点、难点解析】

一、政府预算的概念和形式

政府预算是经过法定程序编制和批准的政府年度基本财政收支计划。理解这一概念时要注意三个方面：第一，预算和财政是两个不同的概念。财政随着国家的产生而产生，是以国家为主体的分配。而预算是财政发展到一定历史阶段的产物，是基本财政收支计划，是为财政服务的，属于财政管理的范畴。第二，政府预算并非全部的财政收支计划，而是财政收支计划中的基本部分。财政收支计划主要包括政府预算和预算外收支计划。政府预算是财政收支计划的主导。第三，政府预算不同于政府预算草案。政府预算草案必须经立法机关审批后才能成为正式的政府预算，即政府预算具有法律性。

政府预算的形式复杂多样，在学习这一部分时，应侧重于研究分析不同预算形式的长处和不足，以便于从我国国情出发，选择适宜的预算类型，更好地为实现政府职能服务。政府预算的形式主要有单式预算、复式预算、绩效预算、计划项目预算和零基预算等。单式预算整体感强，是第二次世界大战前多数国家都采用的预算形式。复式预算便于政府对财政活动进行分析，有利于财政收支的控制。目前，大多数西方国家都在实行复式预算。我国也进行了从单式预算到复式预算的改革，但仍需要进一步完善。绩效预算和计划项目预算都是以预算支出的成本效益分析为基础的预算，相对于我国传统的投入预算而言，其对监督和控制支出、提高预算资金的使用效益具有重要意义。零基预算不受现行预算执行情况的约束，它与我国传统的基数预算不同，有利于解决预算支出增长刚性、单位预算收入苦乐不均等问题，为我国预算形式的改革提供了借鉴，但是在借鉴的同时，还要注意其局限性，切勿生搬硬套。

二、政府预算的编制

政府预算的编制必须坚持从实际出发、量力而行、收支平衡这一基本原则。根据这一原则，地方各级政府预算要按量入为出、收支平衡的原则编制，不得列赤字；中央政府公共预算不列赤字，其中必需的建设投资部分资金可以通过借债的方式筹措，但规模和结构要合理安排。这是因为中央政府公共预算收入的来源主要是无偿的，如果公共预算出现赤字，就意味着有一部分公共预算支出要通过信用形式来筹措，但公共预算支出的无偿性无法保证债务偿还的资金来源，会使以后的债务偿还出现困难。而我国地方政府是不能发行货币的，举借债务也受严格限制，因此地方各级政府预算不允许列赤字。

政府预算的编制采用自上而下和自下而上、上下结合、逐级汇总的程序。按照《预算法》的规定，各级政府、各部门、各单位都应当编制预算草案。因此，政府预算包括三方面的内容，即单位预算编制、部门预算编制和总预算编制。部门预算是反映部门所有收入和支出的预算。但多年来财政部报送全国人民代表大会及其常务委员会审查的预算草案一直是按收入类别和支出功能分类编报的，没有将中央预算细化到部门，而是在全国人民代表大会批准预算草案后，才将预算再分配给中央各有关部门。由于预算的编报没有经过编制部门预算的过程，预算没有细化到部门、项目，不利于全国人民代表大会的审批，也给财政部批复预算造成了困难，不能在法定期限内批复预算。为此，财政部提出从2000年起，试编部门预算。

自中华人民共和国成立以来，政府预算一直采取单式预算的编制方法，从1992年起我国将预算的编制方法由单式预算改为复式预算，将政府预算分为经常性预算和建设性预算两部分。1995年我国对复式预算进行了进一步的完善，将其划分为政府公共预算、国有资产经营预算、社会保障预算、财政投融资预算等。改进后的复式预算是建立在将原政府预算收支科目按性质进一步细分的基础上的公益项目的投资支出，如文化、教育、卫生、科研、国防、行政等部门的基建支出，列入公共预算；政府基础项目投资支出，即企业或居民没有能力投资或不愿意投资的无利或微利的基础性项目（具体包括农业、林业、水利、气象和城市建设等各行业的基础设施建设以及能源、交通运输等基础产业项目的建设投资），列入国有资产经营预算。同时，为了更全面地反映政府在一定时期内的活动范围、规模和方向，还设置了社会保障预算，增强了财政对各种社会保障资金筹集和分配使用的管理监督。设置财政投融资预算，有利于提高财政宏观调控能力，加大财政对产业结构调节的力度。

政府预算的审查批准是政府预算必须履行的法律手续。按照《预算法》的规定，中央预算由全国人民代表大会审批，地方各级政府预算由本级人民代表大会审批。

三、财政管理改革

财政管理改革包括下列主要内容：

1.部门预算改革。部门预算是部门依据国家有关政策的规定及其职能的需要，审核、汇总所属基层预算单位的预算和本部门机关经费预算，经财政部审核后提交立法机关批准的涵盖本部门各项收支的财政计划。部门预算相对于传统的功能预算而言，发生了如下变化：

（1）扩大了预算的编制范围，有利于提高预算的综合性。

（2）一个部门一个预算。

（3）克服了代编预算的方式，提高了准确性。

（4）建立了新预算管理机制。编制部门预算要求统一预算分配权，使预算编制、执行和监督相对分离，初步建立起了分工合理、责任明确、相互制约的运行机制。

（5）调整了预算批复的主体，由财政部预算司统一批复预算。

（6）有利于及时批复预算。为深化部门预算改革，财政部又推进了支出预算管理改革及强化预算基础管理两项基础工作。支出预算管理改革包括基本支出预算管理改革和强化预算基础管理改革。

2.国库集中收付制度改革。在改革前，我国的财政性资金缴库和拨付，是通过征收机关和预算单位设立多重账户分散进行的。这种在传统体制下形成的运作方式，越来越不适应社会主义市场经济体制下公共财政的发展要求。其主要弊端是：重复和分散设置账户，导致财政资金活动透明度不高，不利于对其实施有效管理和全面监督；财政收支信息反馈迟缓，难以及时为预算编制、执行分析和宏观经济调控提供准确依据；财政资金入库时间延滞，收入退库不规范，大量资金经常滞留在预算单位，降低了使用效益；财政资金使用缺乏事前监督，截留、挤占、挪用等问题时有发生，甚至出现腐败现象。因此，必须对财政国库管理制度进行改革，逐步建立和完善以国库单一账户体系为基础、资金缴拨以国库集中收付为主要形式的财政国库管理制度。这是对财政资金的账户设置和收支缴拨方式进行的根本性变革，是一项十分庞大和复杂的系统工程。改革方案的实施，不仅涉及改变现行预算编制方法和修订一系列相关法律、法规，建立健全银行清算系统、财政管理信息系统、财政国库支付执行机构等必需的配套设施，而且涉及改变传统观念，摆脱旧的管理方式的束缚。这项改革对加强财政管理监督、提高资金使用效益、从源头上防范腐败，具有重要意义。

3.预算外资金“收支两条线”改革。预算外资金是指各地区、各部门，全民所有制企业，事业、行政单位根据国家财政、财务制度的规定，收取、提留和安排使用，不纳入国家预算管理的资金。1996年《国务院关于加强预算外资金管理的决定》明确指出，预算外资金是财政性资金，并规定财政部门在银行设立预算外资金专户，实行“收支两条线”管理。“收支两条线”管理是针对预算外资金管理的一项改革，其核心内容是将财政性收支纳入预算管理范围，形成完整、统一的各级预算，提高法制化管理和监督水平。为规范管理，财政部决定，从2011年1月1日起，将按预算外资金管理的收入（不含教育收费，以下简称预算外收入）全部纳入预算管理。至此，“预算外资金”这一提法成为历史。

4.政府采购制度。它是各级政府为了开展日常政务活动和为公众提供公共服务，以公开招标、投标为主要方式，从市场上为政府部门或所属公共部门购买商品、工程和服务的一种制度。建立和完善政府采购制度具有十分重要的现实意义，它是市场经济体制的内在要求，是提高财政资金使用效益的需要，是改革财政支出方式的需要，是防止产生腐败的制度性措施，是实现与国际接轨的需要。

四、财政管理体制及其改革

财政管理体制是处理国家各级政权之间、国家与企事业单位之间、国家与居民之间财权财力分配关系的组织制度。现行财政管理体制是分税制，是在划分事权的基础上，按税种划分中央与地方的财政预算收入，合理确定中央与地方财权财力，以正确处理中央与地方政府间财政预算分配关系的一种预算管理体制。分税制改革的基本内容包括：

①中央与地方事权和支出的划分；②中央与地方收入的划分；③中央对地方税收返还数额的确定。现行分税制存在的问题是：①中央与地方事权划分不清晰；②中央与地方收入划分尚不够科学；③地方税体系不健全；④转移支付制度不规范。完善现行分税制的基本思路是：合理划分各级政府的事权、科学划分税种、加强地方税建设、建立科学的转移支付制度。

一、单项选择题

1.我国预算年度的起始期限为（　　）。

A.当年的1月1日至12月31日

B.当年的4月1日至次年的3月31日

C.当年的10月1日至次年的9月30日

D.当年的7月1日至次年的6月30日

2.下列预算形式中，侧重于把预算项目的安排和政府的中长期计划相结合考虑的是（　　）。

A.零基预算　　B.绩效预算　　C.计划项目预算　　D.复式预算

3.各级政府预算草案必须经（　　）审批后才能生效。

A.各级人民代表大会　　B.各级人民代表大会常务委员会

C.各级政府　　D.各级财政部门

4.本级政府财政部门应当自批准之日起（　　）日内向本级各部门批复决算。

A.10　　B.15　　C.30　　D.20

5.财政管理制度的核心是（　　）。

A.预算管理体制　　B.税收管理体制

C.基建财务管理体制　　D.行政事业财务管理体制

6.我国财政管理体制的基本原则是（　　）。

A.统一领导、分级管理　　B.财权与事权相对称

C.兼顾公平与效率　　D.体制相对稳定

7.中央决算草案由（　　）审查批准。

A.国务院　　B.全国人民代表大会

C.全国人民代表大会常务委员会　　D.财政部

8.复式预算的经常预算收入主要是（　　）。

A.债务收入　　B.企业收入　　C.税收收入　　D.基金收入

9.反映国家以社会管理者身份取得收入的是（　　）。

A.政府公共预算　　B.国有资产经营预算

C.社会保障预算　　D.财政投融资预算

10.现行分税制将同经济发展直接相关的主要税种划为（　　）。

A.中央固定收入　　B.地方固定收入

C.中央与地方共享收入　　D.调剂收入

11.在现行分税制中，中央对地方税收返还额的递增率按各地区增值税和消费税增长率的（　　）系数确定。

A.1：0.3　　B.1：0.15　　C.1：0.7　　D.1：0.25

二、多项选择题

1.地方预算由（　　）级次的预算共同构成。

A.省（自治区、直辖市）预算　　B.设区的市预算

C.乡（镇）预算　　D.县预算

E.村预算

2.复式预算的特征包括（　　）。

A.体现预算完整性原则

B.将预算收支按性质分开，便于经济分析

C.资本预算有可能成为隐蔽赤字的最大场所

D.不同预算部分各自平衡

E.只能有两个预算表

3.属于各级人民代表大会常务委员会职权的主要有（　　）。

A.各级预算的审批权　　B.各级决算的审批权

C.各级预算调整方案的审批权　　D.各级预算费动用的审批权

E.预算收入退库的审批权

4.属于零基预算特征的有（　　）。

A.易于形成预算支出增长刚性　　B.不受现行预算执行情况的约束

C.造成单位间预算收入的苦乐不均　　D.促进各级预算单位合理使用资金

E.工作量大

5.下列税种属于中央固定收入的有（　　）。

A.消费税　　B.房产税　　C.地方银行所得税

D.个人所得税　　E.关税

6.下列税种属于中央与地方共享收入的有（　　）。

A.增值税　　B.企业所得税　　C.房产税

D.资源税　　E.证券交易税

三、判断题

1.政府预算是国家财政发展到一定历史阶段的产物，随着国家的产生而产生。（　　）

2.全国人民代表大会审查和批准中央预算和地方总预算草案。（　　）

3.我国在编制预算前由财政部颁发编制预算草案的指示和要求。（　　）

4.“收支两条线”管理是针对预算外收入管理的一项改革。（　　）

5.公开招标是政府采购最基本的方式。（　　）

四、问答题

1.简述建立政府采购制度的意义。

2.简述部门预算相对于传统的功能预算发生的变化。

3.简述分税制改革的基本内容。

4.简述财政国库管理制度改革的主要内容。

5.怎样理解分税制?

6.论述我国现行分税制存在的问题及完善措施。

五、案例分析题

广西某镇一位农民1999年借给镇政府28万元钱，约定3年还清，但镇政府偿还第一笔债4万元后，剩余的24万元拖欠了13年之久。多年讨债只换回借据上加盖的7个公章，镇长换了好几人，都以财政困难为由不予偿还。2010年法院判决镇政府和财政所归还本金和利息，但该农民仍然拿不到钱。2013年，经《人民日报》披露后，当地政府决定由县财政借款给镇政府，用于偿还这笔债务。这笔借款将从该镇办公经费中逐年扣回。

上述事件并非个案，其他地方也曾出现过。为什么镇政府要向农民借钱?为什么农民这么难追讨债务?上级财政应不应当帮助镇财政偿还债务?运用所学的财政体制知识思考，提出自己的看法。

资料来源 根据《人民日报》2013年3月的报道编写.

第八章 财政政策

【学习目的与要求】

通过本章的学习，理解和掌握财政政策的含义、类型、目标、工具，了解1993年以来不同时期实行的从紧财政政策、积极财政政策的具体情况，重点掌握目前实行的稳健财政政策的背景及内容。

【重点、难点解析】

一、财政政策的基本知识

财政政策是宏观调控的重要组成部分，是国家运用财政这一手段调节和控制国民经济，从而实现预期发展目标的措施的总称。在现代市场经济中，市场机制在资源配置中发挥基础性作用，政府宏观调控则在市场失灵的领域发挥作用，并为市场机制有效运行营造良好的环境。按照对经济的影响，财政政策分为扩张性财政政策、紧缩性财政政策、中性财政政策。扩张性财政政策是指通过减税或扩大财政支出，扩大赤字，刺激需求，从而拉动经济增长；紧缩性财政政策是指通过增税或减少财政支出从而抑制需求；中性财政政策是指保持财政收支平衡，对经济发展起中性作用。财政政策目标包括以下四个方面：经济增长、充分就业、物价稳定、国际收支平衡。财政政策主要通过预算、税收、补贴、投资、公债、转移支付等工具，发挥优化资源配置、调节收入分配、稳定经济等方面的功能。财政政策工具是指国家为实现一定财政政策目标而采取的措施。

二、积极财政政策

积极财政政策在类型上属于扩张性财政政策，是在特定时期采取的应对经济下滑的宏观调控政策。其背景是1997年亚洲金融危机的影响，加上国内商品供求逐步由卖方市场转向买方市场，需求不足成为主要矛盾。经济增长明显受到需求不足的制约，实际上就是通货紧缩。对于治理通货紧缩，最关键的是扩大需求，使社会总供给与社会总需求趋于平衡。为此，党中央、国务院果断决策，及时调整宏观调控政策，由“适度从紧”“稳中求进”转向了“扩大内需”，实施了积极的财政政策，实质上就是扩张性财政政策，主要是通过发行长期建设国债、增加财政赤字、扩大政府支出，特别是增加投资性支出等来扩大需求，拉动经济增长。其中，国债、税收和投资是财政调控的重要杠杆。其主要措施包括：一是发行长期建设国债，带动全社会固定资产投资；二是调整税收政策，刺激需求增长；三是调整收入分配政策，改善居民消费心理预期；四是规范收费制度，减轻社会负担，推动扩大消费；五是支持国民经济战略性调整，促进国有企业改革和产业结构优化。在稳健的货币政策的配合下，积极的财政政策基本完成了预期的宏观调控目标。

三、稳健财政政策

从2003年开始，我国的宏观经济运行又出现了一些新的情况。我国经济走出了通货紧缩的阴影，经济增长进入新一轮周期的上升阶段，呈现出加速发展的态势。但另一方面，又存在经济结构不合理、经济增长方式粗放等问题。其主要问题是粮食增产和农民增收的机制尚不完善、固定资产投资反弹压力大、能源和运输瓶颈约束依然突出等。在这种情况下，中央提出从2005年起实行稳健的财政政策。实行稳健的财政政策的核心是松紧适度、着力协调、放眼长远。具体来说，就是要注重把握“控制赤字、调整结构、推进改革、增收节支”十六个字。控制赤字，就是适当减少财政赤字，适当缩小长期建设公债发行规模；调整结构，就是要进一步按照科学发展观和公共财政的要求，着力调整财政支出结构和公债资金投向结构；推进改革，就是转变主要依靠公债项目投资拉动经济增长的方式，按照既立足当前又着眼长远的原则，在继续安排部分公债项目投资、整合预算内基本建设投资、保证一定规模中央财政投资的基础上，适当调减公债项目投资规模，腾出一部分财力，用于大力推进体制和制度改革创新，为市场主体和经济发展创造一个相对宽松的财税环境，建立有利于经济自主增长的长效机制；增收节支，就是在总体税负不增或略减税负的基础上，严格依法征税，确保财政收入稳定增长，同时严格控制支出增长，在切实提高财政资金的使用效益上花大力气、下大功夫。

四、2008年年末应对全球金融危机的积极财政政策

自2006年起，美国房地产市场上的次级按揭贷款危机逐步蔓延。2008年年末，形势急转直下。随着信贷急剧紧缩、市场信心迅速恶化，实体经济也受到严重影响，金融危机逐渐转变为全球性经济危机，世界各国经济都出现不同程度的放缓或衰退。

受国际金融危机冲击，我国经济和社会发展面临一系列困难与不确定性因素。特别是外部需求明显收缩，部分行业出现了产能过剩，部分企业出现了经营困难，就业再就业矛盾突出，加上国内经济发展周期性调整的影响，经济增长的下行压力巨大。一直以来，出口与投资都是拉动我国经济增长的主要力量。在外部环境的影响下，只有通过增加国内投资、扩大国内消费来保持经济增长，避免经济衰退引发就业困难、财政收入下降、企业倒闭引发银行贷款风险、社会动荡等问题的产生。

2008年11月5日，中国政府决定实行积极的财政政策和适度宽松的货币政策。其具体措施包括：增加国债发行，扩大政府投资，实施一揽子计划，推行以增值税转型为重点的减税政策，对困难群体给予财政补贴。新一轮积极财政政策具有下列特点：一是措施更加全面，政府投资力度更大；二是既着眼于拉动经济增长，又努力兼顾调整经济结构，加快转变经济增长方式；三是财政政策发挥了主角作用，地位更加突出。随着政策措施逐步到位，经济增长下滑的趋势受到抑制，保持了经济的稳定协调发展。

一、单项选择题

1.1993—1997年我国实行的财政政策是（　　）。

A.从紧财政政策　　B.中性财政政策

C.稳健财政政策　　D.扩张性财政政策

2.1998—2004年我国实行的财政政策是（　　）。

A.积极财政政策　　B.中性财政政策

C.稳健财政政策　　D.从紧财政政策

3.2005—2008年我国实行的财政政策是（　　）。

A.积极财政政策　　B.扩张性财政政策

C.稳健财政政策　　D.从紧财政政策

4.自2008年年末起，我国实行的积极财政政策属于（　　）。

A.中性财政政策　　B.扩张性财政政策

C.复合型财政政策　　D.紧缩性财政政策

二、多项选择题

1.根据调节经济周期的作用的不同，财政政策可以分为（　　）。

A.自动稳定器调节的财政政策　　B.相机抉择的财政政策

C.扩张性财政政策　　D.紧缩性财政政策

E.中性财政政策

2.多元财政政策目标一般包括（　　）。

A.充分就业　　B.物价稳定　　C.经济增长

D.国际收支平衡　　E.经济稳定

3.财政政策工具主要有（　　）。

A.税收　　B.公债　　C.财政支出

D.财政预算　　E.利率

4.根据财政政策对经济的影响，财政政策可分为（　　）。

A.扩张性财政政策　　B.紧缩性财政政策　　C.中性财政政策

D.相机抉择的财政政策　　E.自动稳定器调节的财政政策

三、判断题

1.财政政策的主体只能是各级政府，而且主要是中央政府。（　　）

2.积极财政政策在类型上属于扩张性的财政政策。（　　）

3.紧缩性财政政策等同于赤字财政政策。（　　）

4.实施扩张性财政政策主要是为了减少支出和增加收入。（　　）

四、问答题

1.阐述我国积极财政政策的内容。

2.阐述我国稳健财政政策的内容。

五、论述题

我国2008年年末至今为什么要实行积极财政政策？

六、案例分析题

2016年11月，南宁市出台《南宁市民办非营利性养老机构补贴实施办法》，对符合条件的民办非营利性养老机构给予一次性建设补贴及床位运营双重补贴。用自建房新成立民办非营利性养老机构最高可获得每张床位3 000元的建设补贴；2015年6月1日以后依法登记的民办非营利性养老机构接收本市城区（开发区）户籍老年人入住的，按实际入住老年人数量给予每人每月100元的床位运营补贴，连续补贴3年。请运用财政学知识分析上述政策出台的背景、经济原理，谈谈自己的认识和看法。

第九章　国际财政

【学习目的与要求】

通过本章的学习，理解国际财政的具体含义、国际贸易与财政的关系、国际财政援助、国际税收协调等问题，了解国际财政出现的现实背景。

【重点、难点解析】

一、国际财政的含义及意义

国际财政是指国家之间的财政分配关系，包括税收收入的分配、国家间政府资金的转移、全球性公共产品的提供等。全球性公共产品这一新概念的出现为财政问题研究开拓了新的领域，因为开放的贸易制度、航海自由、对环境污染的治理、国际贸易的反垄断等问题仅靠一个国家难以解决。但是，当前国际财政面临着很大的争议，需要继续深入研究。

二、国际财政协调

国际财政协调的必要性体现在国际贸易和跨国投资的发展、全球化的挑战、保障国际财政利益分配秩序的需要等方面。由于经济全球化的发展影响到了相关国家的财政利益，使国家之间的财政关系日益紧密，财政利益的配置已越出了一国的界限，在国际上进行配置。各项经济政策的制定都必须考虑其国际影响，也需要密切关注国际组织、其他国家的政策对本国经济利益乃至财政利益的影响，从而趋利避害，争取有利于本国的结果。财政关系国际协调主要致力于两个方面的调整：一是税制；二是税收征管。国际财政协调的内容包括：消除成员国财政政策对区域的“溢出负效应”，区别关税政策，培育新的财源，填补关税“退位”后的空缺，实施经济援助，缩小自由贸易区内部发展不平衡的差距，调整财政支出结构，加大跨国公共产品的供给力度等。财政关系的国际协调既可以通过国际组织、区域性组织进行，也可以由各国政府通过相互之间的磋商机制进行。财政关系的国际协调方式有：

（1）全球性的国际协调，如通过WTO制定贸易规则，处理由贸易问题引起的摩擦，调解贸易争端。

（2）国家之间的财政协调，如通过签订税收协定协调相互之间的税收制度，消除由于国际重复征税对国际贸易及跨国投资的消极影响。

（3）国际财政援助，如由发达国家或国际组织提供无偿援助和豁免发展中国家的债务等。

三、国际税收问题

国际税收是指两个或两个以上的国家对同一跨国纳税人的同一课税对象，分别行使各自的征税权力而形成的征纳关系中所产生的国家之间的权益分配关系。跨国所得的出现和各国确立的对所得课税的制度，是产生国际税收关系的原因。国际税收的本质是国家与国家之间的税收分配关系。税收管辖权的冲突是造成国际重复征税的基本原因，具体包括三种情况：一是地域管辖权和居民管辖权的重叠；二是各国对来源地的不同解释造成的地域管辖权的重叠；三是各国对居民身份制定标准的不同规定造成的居民税收管辖权的重叠。国际税收协调解决的是因各国税制差异而产生的国际税收竞争问题，以避免有害国际税收竞争。国际重复征税问题的解决办法有两个：一是相关国家通过签订国际税收协定，约束各自的税收管辖权，以避免两国因制定居民身份或所得来源地的标准相互冲突而引起国际重复征税；二是实行居民管辖权的国家承认所得来源国的优先征税权，采用免税法、扣除法、低税法、抵免法等避免、消除或缓和国际重复征税。

一、单项选择题

1.国际援助一般以（　　）为基本行为主体。

A.国际组织　　B.经济组织

C.主权民族国家　　D.区域合作组织

2.国际重复征税主要涉及（　　）。

A.所得税　　B.财产税　　C.国内商品税　　D.流转税

二、多项选择题

1.税收管辖权一般包括（　　）。

A.地域管辖权　　B.公民管辖权　　C.所得管辖权

D.居民管辖权　　E.财产管辖权

2.财政困难的国际援助方式包括（　　）。

A.捐款　　B.无息贷款　　C.官方发展援助

D.减税　　E.豁免债务

三、判断题

1.国际货币基金组织也对非成员国的政府或政府机构发放贷款。（　　）

2.世界上大多数国家同时实行地域管辖权和居民管辖权。（　　）

3.税收管辖权的冲突是造成国际重复征税的基本原因。（　　）

四、问答题

1.阐述国际重复征税的减除方法。

2.阐述财政关系的国际协调方式。

第十章　货币与货币流通

【学习目的与要求】

货币是一切金融活动的载体，通过本章的学习，应认识货币的本质和起源，掌握货币的基本职能，理解金属货币和纸币的流通规律，从而为以后各章的学习打好基础。

【重点、难点解析】

一、货币的定义

货币是商品经济的产物。当某种物质被交换中的人们所普遍接受，可以体现其他一切商品的价值，并可以与一切商品相交换时，这种物质就成为货币。货币的形态从古至今有许多变化，如从实物货币形态到金属货币形态，从代用货币到纸币，从存款货币到电子货币等，但其作为货币的性质和基本职能并没有太大的改变，改变的只是其外在形式。当然，实物货币和金属货币具有两重性，即既可以作为货币本身，又是有价值和具体使用价值的商品，而其他形式的货币本身价值极低，只能在流通中起到货币符号的作用。在理解货币形态变迁的时候，不要把各种货币形态完全孤立起来，许多时候两种甚至两种以上的货币在同时使用。比如，金属货币时期同时流通代用货币，而现代社会则同时流通着纸币、信用货币和电子货币等。

广义的纸币包括所有以纸为材料制作的货币，狭义的纸币则指为弥补财政赤字而发行的纸币。信用货币是指在信用制度基础上产生的货币，凭借发行者的信用流通。在当今世界绝大多数国家由中央银行垄断发行货币的条件下，信用货币与纸币的差别已越来越模糊。

二、货币的职能

货币的基本职能有五个：价值尺度、流通手段、支付手段、储藏手段和世界货币。其中，价值尺度和流通手段是货币最基本的两个职能。货币在充当价值尺度时，只需要观念上的货币；而作为流通手段时，则必须是现实的货币。而且在作为流通手段时，因为作为流通手段的货币转瞬即逝——仅仅充当交换的媒介，获得货币是为了购买商品，因而人们关心的是交换的商品的价值。这就使得一些本身无价值或低价值的价值符号充当流通工具成为可能。

我国实行的是人民币制度。人民币是我国的法定货币，外币以及金属和其他形式的货币一律禁止流通。我国的货币通过信用渠道发行到人们的手里，是信用货币。我国人民币的流通依靠国家政权及其掌握的社会财富作为保证。

三、货币流通规律

货币充当流通手段时，是与商品经济的规模相联系的。商品经济的规模越大，商品交换的频率越高，所需要的交换媒介——货币数量就越多；反之，货币数量就越少。我们把货币数量与商品经济规模之间的内在联系称为货币流通规律。在金属货币流通和纸币流通的不同条件下，货币流通规律的内容也有所不同。

在金属货币流通条件下，金属货币的必要量与待实现的商品价格总额成正比，与货币流通速度成反比，与金属货币本身的单位价值成反比。

在纸币流通条件下，由于纸币本身无价值，纸币的必要量取决于流通中金属货币的必要量。

一、单项选择题

1.当货币执行（　　）职能时，只需有观念上的货币就可以了。

A.支付手段　　B.世界货币　　C.价值尺度　　D.储藏手段

2.最早出现的货币形式是（　　）。

A.金属货币　　B.实物货币　　C.电子货币　　D.纸币

3.最先进的货币形式是（　　）。

A.金属货币　　B.实物货币　　C.电子货币　　D.纸币

4.在货币执行（　　）时，持有者并不十分关心货币本身的价值。

A.储藏手段　　B.流通手段　　C.价值尺度　　D.支付手段

5.最早实行金本位制的国家是（　　）。

A.法国　　B.中国　　C.英国　　D.意大利

6.我国首次发行新版人民币是在（　　）。

A.中华人民共和国成立初期　　B.20世纪50年代

C.中华人民共和国成立前　　D.20世纪60年代

7.流通中所需的金属货币量与（　　）成反比。

A.商品价格总额　　B.货币流通速度　　C.商品的价值　　D.人们持币的愿望

8.在货币流通速度不变的条件下，如果商品的数量增加，而纸币的数量增加更快，则（　　）。

A.纸币贬值　　B.纸币升值

C.纸币的价值不变　　D.纸币价值与纸币数量同比例增加

9.以下是足值货币的是（　　）。

A.金属货币的主币　　B.金属货币的辅币

C.纸币　　D.银行券

10.如果金属货币本身的单位价值下降，而其他条件不变，则流通中所需要的金属货币数量会（　　）。

A.上升　　B.下降　　C.无影响　　D.无法判断

二、多项选择题

1.金属货币较之实物货币，其优点是（　　）。

A.易分割　　B.质地均匀　　C.携带方便

D.制作容易　　E.用途广泛

2.所谓一般等价物，是指（　　）。

A.一般人都需要　　B.能表现其他商品的价值

C.与一切商品相交换　　D.价格均等

E.能表现商品的使用价值

3.金本位制的特点有（　　）。

A.金铸币可自由铸造和熔化　　B.其他金属可自由换成黄金

C.其他货币可自由兑换成金币　　D.黄金在国际上可自由输出、输入

E.金币可以是不足值的货币

4.以下关于人民币制度说法正确的有（　　）。

A.人民币是信用货币

B.人民币的发行有黄金作为保证

C.特殊时期，金银可同时作为货币使用

D.人民币是中央银行的债务

E.人民币中所有的纸币都是主币，所有的金属币都是辅币

5.纸币的发行数量受到（　　）因素的制约。

A.商品价格总额　　B.货币流通速度

C.流通中金属货币的必要量　　D.金属货币的生产率

E.商品交换的次数

三、判断题

1.纸币是依赖于人们对发行人的信任而流通的货币。（　　）

2.用一定的人民币可以买到金银制品，因此人民币可兑换为金银。（　　）

3.货币是伴随着商品交换而产生的，也因商品经济的发展而不断演变。（　　）

4.在一定时期内，货币的流通速度越快，则社会中的货币存有量越大。（　　）

5.纸币流通的必要量与流通所需的金属货币必要量同增同减。（　　）

6.我国人民币的流通在于人们对国家银行的信赖，并非国家规定的强制流通。（　　）

7.用本位币支付的金额不管有多大，债权人都必须接受。（　　）

8.用辅币支付的金额不管有多大，债权人都必须接受。（　　）

9.纸币流通的数量要依赖金属货币必要量，因此金属货币要比纸币更优良。（　　）

四、问答题

1.为什么说货币制度的演变具有历史必然性？

2.货币有哪几种基本职能？

3.什么是纸币流通规律？它与金属货币流通规律有什么联系？

4.人民币制度有哪些规定？

五、案例分析题

2013年11月，比特币的价格像搭了火箭一样，节节攀高，从比特币中国网上可以查询到，截止到2013年11月18日，1比特币成交价已达3 490元，而在1个月之前，这个价格才1 000元左右，这意味着1个月时间，比特币上涨约249%。比特币俨然成为世界上最受欢迎的互联网虚拟货币。

资料来源　马丽诗．一张图了解比特币投资比特币是怎样产生的［EB/OL］．［2013-11-24］．http：//www.investide.cn/news/160745.节选．

问题：说说比特币是怎样产生的？它能成为现实的货币吗？

第十一章　信用与信贷资金运动

【学习目的与要求】

信用关系普遍存在于现代经济关系中，通过本章的学习，对信用关系、信用工具、利息及信贷资金的运行规律有一个全面的认识，并掌握利息的计算方法和常用信用工具的使用方法。

【重点、难点解析】

一、信用在经济中的作用

1.资金积聚作用。信用还本付息的特点，可以广泛动员社会闲置资金和个人暂时不用的货币收入，积少成多，续短为长，变消费资金为积累资金，投入生产经营活动中，支持生产和流通的发展。此外，企业运用各种信用工具，可以突破个别资本积累的限制，借助其他资本来增加资本总额，实现规模经济效益。

2.资金配置作用。信用对资金的配置是通过对资金占有权和使用权的分配来实现的。信用改变了货币资金原有的存在布局，对资金实现重新组合，以达到充分合理运用的目的。信用配置资金的作用可通过存款业务和在金融市场上创造信用工具（如债券）来完成。

3.加速商品流转，节省商品流通费用的作用。现代信用制度的存在，使债权债务的清算采用转账结算方式成为可能。这种以信用为基础的结算制度，加速了商品流转，并减少了商品储存以及有关的各种经营费用。

4.宏观调控国民经济的作用。信用与国民经济各部门、各地区、各单位的经济活动息息相关，能够及时、准确、全面地反映宏观经济的运行和企业的生产经营状况。因此，通过对信用活动的调节和控制，能够对宏观经济活动起到一定的调控作用。信用的调控一般从规模和结构两方面进行。

二、信用形式

信用形式是信用活动的具体表现形式，随着商品货币关系的发展，信用形式也不断发展和完善。

1.商业信用是企业之间相互提供的、与商业交易相联系的信用活动。其主要表现形式是赊销商品、延期付款。

2.银行信用是银行及其他金融机构以货币形式提供的信用，包括两个方面：一是通过吸收存款，集中社会各方面的闲置资金；二是通过发放贷款及证券投资，对集中起来的闲置资金加以运用。

3.国家信用是国家作为债务人向社会筹集资金的一种信用形式。国家信用的实质是国家借债，其主要形式有发行政府债券（如中央政府的国债、国库券和地方政府债券等）及向银行借款（包括透支）。

4.消费信用是工商企业、银行或其他金融机构以商品、货币或劳务的形式向消费者个人提供的信用。这是一种暂不付款、凭信用获得商品或货币的信用形式，常见的有信用卡透支、分期付款和消费贷款等。

5.民间信用是民间个人之间的借贷活动，其存在的经济基础是个体经济和多种经营方式的存在。

6.租赁信用是以出租物品、收取租金的形式提供的信用。

7.国际信用是不同国家（或地区）间发生的借贷行为。国际信用是国际经济关系的重要组成部分，直接影响国际经济贸易的发展，是各国扩大利用外资、加速国内建设的有效途径。国际信用的主要形式有出口信贷、银行信贷、发行债券、租赁信用、补偿贸易、政府信贷、国际金融机构贷款等。

三、利息、利率的概念以及利率的种类

利息是借贷关系中借款人支付给贷款人的报酬。利息率简称利率，是一定时期内利息额与借贷本金的比率。利息率通常用年利率、月利率和日利率表示，也称年息、月息和日息。利率的种类很多，从不同的角度划分，主要有以下几种类型：

1.市场利率和管理利率。市场利率是在金融市场上由借贷双方通过竞争而形成的利率，随借贷资金供求状况的变化而变化。管理利率又称公定利率或政策利率，是政府当局通过中央银行制定的利率。由银行公会确定的每个会员必须执行的利率也是公定利率的一种形式。

2.固定利率和浮动利率。固定利率是指在整个借贷期间固定不变，不随借贷资金供求关系的变化而波动的利率。浮动利率是指在借贷期间，随市场利率的变化定期调整的利率，调整期限和调整依据由借贷双方在签订借贷协议时商定。

3.名义利率和实际利率。名义利率是借贷合同和有价证券上载明的利率，是借款人需向贷款人或投资人支付的利率。如果不发生货币贬值，名义利率与实际利率一致；否则，名义利率与实际利率就不一致。

4.贷款利率和存款利率。贷款利率是贷款利息额与贷款本金的比率；存款利率是存款利息额与存款本金的比率。

此外，利率还可以分为长期利率、短期利率，普通利率、优惠利率和差别利率等。

四、决定和影响利率变化的因素

1.社会平均利润率是决定利率的基本因素。一般情况下，利率的最高界限是社会平均利润率，利率的最低界限是波动而不确定的，但不会是零。所以，利率总是在零与社会平均利润率之间上下摆动，而不会达到零或超越社会平均利润率。

2.影响利率变化的因素。

（1）货币资金供求状况。利息是转让货币资金使用权的报酬，是资金的“价格”。所以，资金供不应求时，利息率就上升；资金供过于求时，利息率就下降。

（2）通货膨胀率。通货膨胀意味着纸币贬值，在通货膨胀率较高的情况下，贷者就得考虑提高利率来弥补纸币贬值的损失。另外，各国政府又常常将利率作为抑制通货膨胀、稳定物价的经济手段。政府通过调高或降低利率，影响货币资金的供求状况，从而达到调节货币流通量、控制需求、稳定物价的目的。

（3）国家的经济政策。由于利率的变动对经济发展有很大的影响，在世界各国普遍推行国家干预经济政策的条件下，利率成为国家对经济活动进行宏观调控的重要工具，利率不再是完全随借贷资金的供求状况自由波动，而必须受国家的控制和调节。国家制定的经济政策也是制定基本利率必须考虑的重要因素。

（4）国际市场利率水平。随着世界经济的发展，各国之间的经济联系日益密切，所以一国政府在制定和调整本国利率时，不能不考虑国际市场利率的影响。

此外，影响利率变化的因素还有银行经营成本、利率管理体制、传统习惯、法律规定、国际协定等。

五、信用工具

1.短期信用工具。短期信用工具是用于短期资金融通的信用工具，换句话说，就是用于证明短期信用关系的书面凭证。其主要形式有商业票据、银行票据、银行存单、信用证、信用卡和短期政府债券等。

2.长期信用工具。长期信用工具包括股票和各种债券，也称为有价证券，即具有一定的票面金额、代表财产所有权或债权，并能取得一定收入的凭证。有价证券是一种虚拟资本，本身没有价值，只是代表资本投资并凭以取得收益的投资凭证。由于有价证券能为持有者带来收益，因而它可以在金融市场上流通，充当信用工具。

股票是股份公司发给股东证明其投资并凭以领取股息的凭证，是金融市场上的长期投资工具。债券是发行者为筹措资金向投资者出具的承诺按一定利率支付利息并到期偿还本金的借款凭证。

债券与股票都是有价证券，都能给投资者带来一定的收益，但它们又有所不同，主要区别是：

（1）性质不同。股票是股权凭证，代表资产的所有权；而债券是借款凭证，代表债权，必须按约定期限偿还本金和支付利息。

（2）持有人权利不同。股票持有者是公司的股东，有权参与企业的经营管理；而债券的持有者无权参与企业的经营管理。

（3）权益和风险不同。股票的收益——股息、红利随着企业的经营状况而变化，是非固定收益的证券，风险较大；债券是固定收益证券，无论企业的经营状况如何，都应按约定的利息率偿付利息。因而债券与股票相比风险较小，收益也较低。

六、信贷资金的运动规律

信贷资金的运动规律被描述为信贷资金在生产和交换的过程中双重支付和双重回流。由于社会生产活动的连续不断，信贷资金总处于不断的周转过程中，表现为川流不息的存入和提取、贷出和收回，即银行（信用机构）将信贷资金贷放给企业，成为第一重支付；企业用获得的贷款购买生产资料等，成为第二重支付；企业经过生产阶段，生产出产品，经销售后收回货款，完成第一重回流；企业用收回的货款归还贷款并支付利息，这是第二重回流。

一、单项选择题

1.在现代信用中，最主要的信用形式是（　　）。

A.商业信用　　B.银行信用
C.民间信用　　D.国家信用

2.利息率高低与（　　）成反方向变化。

A.平均利润率　　B.资金供求状况　　C.通货膨胀　　D.国际利率水平

3.必须经过承兑才具法律效力的信用工具是（　　）。

A.银行本票　　B.银行汇票　　C.商业本票　　D.商业汇票

4.在信贷资金的运行过程中，使信贷资金产生增值的阶段是（　　）。

A.贷款发放阶段　　B.贷款收回阶段
C.购买存货阶段　　D.生产销售阶段

5.单利与复利计算的主要区别是（　　）。

A.本金是否计息　　B.利息是否计息
C.利息率的高低　　D.本息归还方式

6.商品交换的规模越大，则信用的规模（　　）。

A.越小
B.越大
C.商业信用规模越大，银行信用规模不变
D.两者之间无影响

7.以政府作为借款人的信用形式是（　　）。

A.银行信用　　B.商业信用　　C.国家信用　　D.国际信用

8.信用的资金积聚作用主要表现在其（　　）业务中。

A.存款　　B.支付　　C.贷款　　D.转账

二、多项选择题

1.信用的特征有（　　）。

A.资金使用权的暂时转让　　B.资金所有权的暂时转让
C.支付手段　　D.有一定期限
E.也有无期限的转让

2.利息率下降时，通常与（　　）相符合。

A.资金供应上升　　B.资金需求下降　　C.物价指数上升
D.平均利润下降　　E.国家抑制投资

3.高利贷的特征有（　　）。

A.高额利息率　　B.较长的借贷期限
C.借款常用于消费及维持生产　　D.借款用于扩大再生产
E.对生产起着破坏作用

4.在一定程度上可代替现金流通的短期信用工具有（　　）。

A.商业汇票　　B.银行本票　　C.国库券

D.银行支票　　E.银行汇票

5.用于区别债券和股票的主要特征有（　　）。

A.有无投票权　　B.有无收益权　　C.有无还款期限

D.有无固定的收益率　　E.风险大小有别

三、判断题

1.信用制度加快了商品的流转速度。（　　）

2.商品赊销不用支付利息，因此不属于信用范畴。（　　）

3.资本主义信用是与其大规模的生产方式相联系的。（　　）

4.当期限为一年时，采用单利和复利计算的本息结果是一样的。（　　）

5.当发行人为公司、企业时，股票和债券的风险是一样的。（　　）

6.当信用的一方是国外法人或自然人时，就是国际信用。（　　）

7.信贷资金主要来源于企业利润的积累。（　　）

8.信贷资金如果不投入再生产活动，就不可能产生利息。（　　）

9.当国际利率水平上升时，国内的利率水平应下调。（　　）

10.实物信用就是借物还物的信用方式。（　　）

四、问答题

1.什么是消费信用？它有哪些形式？

2.银行信用较之商业信用有哪些优势？

3.国家制定基本利率时，应考虑哪些因素？

4.信用在国民经济中有什么作用？

5.如何理解信贷资金运动的特征？

6.信贷资金运动与社会再生产有什么联系？

五、计算题

张某有10 000元闲置资金，现在他有两种投资方式可以选择：一是购买3年期的国债，年利率为5%，单利计息；二是存入银行，3年定期存款的年利率为4%，复利计息。单从收益的角度考虑，他应该选择哪一种方式？

第十二章　金融体系

【学习目的与要求】

通过本章的学习，应对金融体系有一个比较全面的认识，并掌握我国现行金融体系的基本构成及特点，认识到金融体系是金融活动的基础，健全的金融体系对一个国家经济的发展起着积极的促进作用。

【重点、难点解析】

一、我国的金融机构体系

我国的金融机构体系按其地位和功能大致可分为四大类：第一类是货币当局，也叫中央银行，即中国人民银行。第二类是银行，包括商业银行和政策性银行。商业银行又可分为国有独资商业银行、股份制商业银行、城市商业银行。第三类是非银行金融机构，主要包括国有保险公司、股份制保险公司、城市信用合作社和农村信用合作社、信托投资公司、证券公司及其他非银行金融机构。第四类是在我国境内开办的外资、侨资、中外合资金融机构，包括外资、侨资、中外合资的银行、财务公司、保险机构等金融机构在我国境内设立的业务分支机构和驻华代表处。

二、金融监管机构

金融监管机构是根据法律规定对一国的金融体系进行监督管理的机构。其职责包括：按照规定监督管理金融市场，发布有关金融监督管理业务的命令和规章，监督管理金融机构的合法、合规运作等。我国目前的金融监管机构包括中国银行保险监督管理委员会（简称银保监会）、中国证券监督管理委员会（简称证监会）。

三、国际金融机构体系

为适应国际经济发展的需要，曾先后出现过各种开展国际金融业务的政府间国际金融机构。其发端可以追溯到1930年5月在瑞士巴塞尔成立的国际清算银行。第二次世界大战后，布雷顿森林体系成立，并相应地建立了几个全球性的国际金融机构，作为实施这一国际货币体系的组织机构。1957年到20世纪70年代，欧洲、亚洲、非洲、拉丁美洲、中东地区的国家为满足发展本地区经济的需要，通过互助合作方式，先后建立起区域性的国际金融机构，如泛美开发银行、亚洲开发银行、非洲开发银行等。

一、单项选择题

1.在我国的金融体系中处于主体地位的是（　　）。

A.中央银行　　B.专业银行
C.商业银行　　D.政策性银行

2.信贷规模最大的银行是（　　）。

A.中国银行　　B.中国建设银行　　C.中国农业银行　　D.中国工商银行

3.1694年，（　　）的建立标志着资本主义近代银行制度的确立。

A.威尼斯银行　　B.鹿特丹银行　　C.米兰银行　　D.英格兰银行

4.（　　）在大多数国家的金融体系中占据主导性地位，而且有向综合性银行发展的趋势。

A.商业银行　　B.专业银行　　C.中央银行　　D.投资银行

5.中国自办的第一家银行是（　　）成立的中国通商银行。

A.1845年　　B.1897年　　C.1904年　　D.1907年

6.（　　）的设立标志着中国现代银行信用事业的开始。

A.户部银行　　B.交通银行　　C.中国通商银行　　D.大清银行

7.在我国，执行中央银行职能的是（　　）。

A.中国银行　　B.中国人民银行　　C.中国建设银行　　D.政策性银行

8.（　　）曾经是我国财政部的拨款机构。

A.中国人民银行　　B.中国建设银行　　C.中国工商银行　　D.中国农业银行

二、多项选择题

1.我国的金融体系（　　）。

A.以中央银行为主体　　B.以国有专业银行为主体
C.以国有商业银行为主体　　D.以国有商业银行为核心
E.以中央银行为核心

2.下列银行中，属于政策性银行的有（　　）。

A.国家开发银行　　B.中国进出口银行　　C.中国农业发展银行
D.交通银行　　E.光大银行

3.各国商业银行所采用的组织形式主要有（　　）。

A.分支行制　　B.单一银行制　　C.连锁银行制
D.持股公司制　　E.集团制

4.非银行金融机构的构成十分庞杂，其中包括（　　）。

A.保险公司　　B.投资公司　　C.信用合作组织
D.基金公司　　E.财务公司

5.资本主义银行是通过两条途径产生和发展的，即（　　）。

A.高利贷银行的逐渐转化
B.按资本主义经营原则建立的股份制银行

C.资本的积聚　　D.生产的集中　　E.斗争的结果

6.我国指定的经营外汇业务的银行包括（　　）。

A.中国银行　　B.中国建设银行　　C.中国工商银行

D.中国农业银行　　E.交通银行

7.目前，我国股份制银行可以上市的有（　　）。

A.平安银行　　B.浦发银行　　C.广发银行

D.民生银行　　E.蛇口招商银行

8.我国四大国有商业银行是（　　）。

A.中国工商银行　　B.中国建设银行　　C.中国银行

D.国家开发银行　　E.中国农业银行

9.在我国的政策性银行中，（　　）均无分支机构。

A.中国农业发展银行　　B.国家开发银行　　C.中国进出口银行

D.中国新技术开发银行　　E.中国农业银行

三、判断题

1.商业银行有着其他金融机构所不能代替的重要地位，所以我国新型金融体系的核心是国有商业银行。（　　）

2.专业银行是商业银行的特殊形式。（　　）

3.储蓄银行是专业银行的一种，专门办理居民储蓄业务，并以吸收储蓄存款为主要资金来源。（　　）

4.我国的商业银行全都是国有和由国家参股的银行。（　　）

5.综合性和多功能是商业银行的重要特征。（　　）

6.资本主义银行的主要形式是高利贷银行。（　　）

7.信用合作社是世界各国最重要的非银行金融机构。（　　）

8.中国农业发展银行是农业银行的附属业务机构。（　　）

9.商业银行是专门融通短期性商业资金的银行。（　　）

10.我国境内的外资银行只要经过中国人民银行的批准，也可以经营人民币业务。（　　）

11.目前，在我国的国有商业银行中，只有中国银行才可以经营外汇业务。（　　）

12.最早、最典型的金融机构是保险公司。（　　）

四、问答题

1.试述银行的产生和发展。

2.我国的金融机构体系可分为几类？

3.简述国际金融机构体系的发展。

第十三章　商业银行业务

【学习目的与要求】

通过本章的学习，应掌握商业银行资本金、负债、资产和中间业务及其相互之间的关系，了解银行的资金运动过程及其对宏观、微观经济的影响，学会如何通过银行融通资金。

【重点、难点解析】

一、关于担保贷款问题

担保贷款是商业银行贷款业务中重要的贷款方式，其中保证贷款又是重点中的重点。保证贷款是指商业银行按《中华人民共和国担保法》（以下简称《担保法》）规定的保证方式以第三人承诺在借款人不能偿还贷款时，按约定承担一般保证责任或者连带责任而发放的贷款。在保证贷款法律关系中，银行是债权人，借款人是债务人，第三人是保证人。保证贷款是银行贷款业务中一种重要的贷款方式。

在实践中，客户向银行申请借款，如果银行需要客户提供保证人担保的，保证人的资格必须经银行审查批准，并由银行与保证人签订保证合同或者保证协议。保证合同应包括以下内容：

（1）被保证的借款金额。

（2）借款人履行债务的期限。

（3）保证的方式。

（4）保证担保的范围。

（5）保证的期间。

（6）双方认为需要约定的其他事项。

保证人与银行可以就单个借款合同分别订立保证合同，也可以在最高借款金额限度内就一定期间连续发生的借款合同订立一个保证合同；保证合同可以是单独订立的书面合同（包括当事人之间具有担保性质的信函、传真等），也可以是借款合同中的担保条款。

第一，保证人的资格。《担保法》第七条规定："具有代为清偿债务能力的法人、其他组织或者公民，可以作为保证人。"《担保法》第八条规定："国家机关不能作为保证人，但经国务院批准为使用外国政府或者国际经济组织贷款进行转贷的除外。"从上述规定看，保证的核心是在借款人不能按期偿还贷款本息时由保证人代为偿还。所以，单位或个人是否具备作为保证人的资格，关键在于这个单位或个人是否拥有归自己支配的、能够代为偿还的财产，只要符合这一条件，公民、企业法人以及其他经济组织都可以充当借款合同的保证人。国家机关不能作为保证人，这是因为国家机关不是自负盈亏、独立核算的经济实体，其行政经费一般由国家预算拨付，基本上没有独立支配的财产，没有代偿债务能力。所以，由国家机关作为借款合同的担保人，其保证行为无效。

第二，保证的方式。保证的方式有两种：一是一般保证方式，是指当事人在保证合同中约定，在债务人不能履行债务时，由保证人承担保证责任。按《担保法》的规定，一般保证的保证人在借款合同纠纷未经审判或者仲裁，并就债务人财产依法强制执行仍不能履行债务前，对债权人可以拒绝承担保证责任。二是连带责任保证方式，是指当事人在保证合同中约定，保证人与债务人对债务承担连带责任。连带责任保证的债务人在借款合同规定的债务履行期届满没有履行债务的，债权人可以要求债务人履行债务，也可以要求保证人在其保证范围内承担保证责任。当事人对保证方式没有约定或者约定不明确的，按照连带责任保证承担保证责任。

第三，保证责任。保证人承担代偿银行贷款本息的保证责任应同时具备三个前提条件：一是客户所借款项到期；二是债务人不履行或者不完全履行归还借款的义务；三是银行向保证人提出代偿请求。保证人在承担保证责任时应注意以下几个问题：

（1）债务变更的保证责任。在保证期间，保证人可因借款人归还部分借款而减少相应的保证责任；借款人向银行增加借款如果未经保证人同意担保的，保证人对增加借款部分不承担保证责任；债务经债权人同意转移后，为原债务设定的担保权，除保证人同意外，不能转移给新的债务人；否则，保证人不承担保证责任。

（2）共同保证。共同保证人应当按照保证合同约定的保证份额，承担保证责任；没有约定保证份额的，保证人承担连带责任，即银行有权要求任何一个保证人承担全部保证责任，每一个保证人都负有担保全部债权实现的义务。

（3）合伙组织散伙后的保证责任。作为保证人的合伙组织被撤销后自行公告期限清理债权债务的，债权人在诉讼时效期间内，有权要求合伙人承担保证责任，合伙人应以各自的财产或者家庭财产承担连带责任。

（4）不具备法人资格的企业分支机构的保证责任。根据《担保法》的规定，企业法人的分支机构、职能部门不得作为保证人，但企业法人的分支机构有法人书面授权的，可以在授权范围内提供保证。如果企业法人的分支机构未经法人书面授权或者超出授权范围与债权人订立保证合同，则该合同无效或者超出授权范围的部分无效。债权人和企业法人有过错的，应当根据其过错各自承担相应的民事责任；债权人无过错的，由企业法人承担民事责任。

（5）借贷双方达成延期还款协议后的保证责任。借款合同双方当事人未经保证人同意达成延期还款协议的，保证人不承担保证责任。

保证范围包括主债权（借款金额）、利息、违约金、损害赔偿金和实现债权的费用。保证人有约定的，从其约定；没有约定或者约定不明确的，保证人应对全部债务承担保证责任。

二、关于商业银行资金结算问题

在商业银行的各项结算业务中，应着重掌握两种结算方式，即银行汇票结算和委托银行收款结算。

1.银行汇票结算

（1）银行汇票的概念。

银行汇票是出票银行签发的，由其在见票时按照实际结算金额无条件支付给收款人或者持票人的票据。在实际操作中，一般由汇款人（开户单位或个人）将款项交存开户（或当地）银行，由银行签发银行汇票给汇款人，汇款人持往外地办理转账结算或支取现金。银行汇票可分为转账银行汇票和现金银行汇票。银行汇票具有票随人到、见票即付、使用灵活的特点。单位、个体工商户和个人，无论其是否在银行开立存款账户，需要支付异地的各种款项时，均可使用银行汇票。

（2）银行汇票的结算流转程序：

①银行汇票的签发程序。

a.汇款人填写银行汇票委托书。申请人如使用银行汇票，应填写“银行汇票申请书”，详细填写收款人名称、汇票金额、申请人名称、申请日期等事项并签章，签章为其预留银行的签章。

如申请人和收款人均为个人，需要使用银行汇票向代理付款人支取现金时，申请人需在“银行汇票申请书”上填写代理付款人的名称，在“汇票金额”栏先填写“现金”字样，后填写金额。申请人或者收款人为单位的，不得在“银行汇票申请书”上填写“现金”字样。

b.商业银行签发银行汇票。对于申请人交来的“银行汇票申请书”，银行经办员应在逐项审查无误并将款项收妥后，签发银行汇票，并用压数机压印金额，将银行汇票和解讫通知一并交给申请人。

签发转账银行汇票，不得填写代理付款人的名称，但由中国人民银行代理兑付银行汇票的商业银行，向设有分支机构地区签发转账银行汇票的除外。

签发现金银行汇票，申请人和收款人必须均为个人，银行收妥申请人交存的现金后，在银行汇票“汇款金额”栏先填写“现金”字样，后填写金额，并填写代理付款人的名称。申请人或者收款人为单位的，银行不得为其签发现金银行汇票。

申请人收到银行签发的银行汇票后，要与“银行汇票申请书”回单进行核对，看内容是否相符；同时，要检查金额是否清晰，是否加盖钢印等，确定各项内容无误后即可带出采购。申请人持银行汇票可以向填明的收款人办理结算，收款人为个人的，也可以持转账的银行汇票经背书向兑付地的单位或者个人办理结算。

②收款人办理银行汇票结算的程序。

a.收款人审查银行汇票。在结算款项时，申请人应将银行汇票和解讫通知一并交付给汇票上记载的收款人。收款人受理银行汇票时，要认真审查以下内容：

银行汇票和解讫通知是否齐全，汇票号码和记载的内容是否一致；收款人或者被背书人是否为本单位或本人；银行汇票是否在提示付款期限内；必须记载的事项是否齐全；出票人签章是否符合规定，是否有压数机压印的出票金额，并与大写出票金额一致；出票金额、出票日期、收款人名称是否有更改，更改的其他记载事项是否由原记载人签章证明。

b.准确填写结算金额。收款人受理申请人交付的银行汇票审查无误后，应在出票金额以内，根据实际需要的款项办理结算，并将实际结算金额和多余金额准确、清晰地填入银行汇票和解讫通知的有关栏内。未填明实际结算金额和多余金额或实际结算金额超过出票金额的，银行不予受理。银行汇票的实际结算金额不得更改，更改实际结算金额的银行汇票无效。

c.提示付款。持票人向银行提示付款时，必须同时提交银行汇票和解讫通知，缺少任何一联，银行不予受理。在银行开立存款账户的持票人向开户银行提示付款时，应在银行汇票背面“持票人向银行提示付款签章”处签章（签章需与预留银行签章相同），并将银行汇票和解讫通知、进账单送交开户银行。银行审查无误后办理转账。

未在银行开立存款账户的个人持票人可以向其选择的任何一家银行机构提示付款。提示付款时，应在汇票背面“持票人向银行提示付款签章”处签章，并填明本人身份证件名称、号码及发证机关，由本人向银行提交身份证件及其复印件。银行审核无误后，将其身份证件复印件留存备查，并以持票人的姓名开立应解汇款及临时存款账户，该账户只付不收，付完清户，不计付息。

2.委托银行收款结算

（1）委托银行收款的概念。

委托银行收款是收款人委托银行向付款人收取款项的结算方式。单位和个人凭已承兑商业汇票、债券、存单等付款人债务证明办理款项的结算，均可以使用委托银行收款结算方式。委托银行收款在同城、异地均可以使用。委托银行收款结算款项的划回方式分为邮寄和电报两种，由收款人选用。

（2）委托银行收款结算的业务操作程序：

第一，委托银行收款。收款人办理委托银行收款业务应向银行提交委托银行收款凭证（详细填写托收金额、付款人名称、收款人名称、委托银行收款凭据名称及附寄单证张数、委托日期等）一式五联和有关的债务证明。委托银行收款以银行以外的单位为付款人的，委托银行收款凭证必须记载付款人开户银行名称；以银行以外的单位或在银行开立存款账户的个人为收款人的，委托银行收款凭证必须记载收款人开户银行名称；以未在银行开立存款账户的个人为收款人的，委托银行收款凭证必须记载被委托银行名称。欠缺记载的，银行不予受理。

第二，收款人开户银行办理收款手续。收款人开户银行受理后按有关制度审查无误的，应及时将委托银行收款凭证连同有关单证一并寄付款人开户银行。

第三，付款。银行接到寄来的委托银行收款凭证及债务证明，审查无误后办理付款：

a.以银行为付款人的，银行应在当日将款项主动支付给收款人。

b.以单位为付款人的，银行应及时通知付款人。按照有关规定，需要将有关债务证明交给付款人的，应交给付款人并签收。付款人应于接到通知的当日书面通知银行付款。按照有关规定，付款人未自接到通知的次日起3日内通知银行付款的，视同付款人同意付款，银行应自付款人接到通知的次日起第4日上午开始营业时，将款项划给收款人。

付款人如提前收到由其付款的债务证明，应通知银行于债务证明的到期日付款。付款人未自接到通知的次日起3日内通知银行付款，付款人自接到通知的次日起第4日在债务证明到期之前的，银行应于债务证明到期日将款项划给收款人。

银行在办理划款时，付款人存款账户不足以支付的，应通过被委托银行向收款人发出未付款项通知书。按照有关规定，债务证明留存付款人开户银行的，应将其债务证明连同未付款项通知书邮寄给被委托银行，由其转交给收款人。

第四，通知收款。收款人开户银行收到付款人开户银行划来的款项后，即办理入账手续，并将收款通知联盖章后送交收款人，通知款项已收妥入账。

一、单项选择题

1.商业银行生存和发展的前提和基础是（　　）。

A.资本金　　B.存款　　C.借入资金　　D.其他负债

2.商业银行业务营运的起点和基础是（　　）。

A.资本金　　B.存款　　C.借入资金　　D.其他负债

3.我国回购协议市场买卖的对象目前一般是（　　）。

A.股票　　B.企业债券　　C.金融债券　　D.国债

4.商业银行业务中最核心、最重要的业务是（　　）。

A.资本金　　B.存款　　C.资产　　D.结算

5.担保贷款除了保证贷款、抵押贷款两种方式外，还包括（　　）。

A.票据贴现　　B.票据贷款　　C.转抵押贷款　　D.质押贷款

6.现代金融业的三大支柱除了银行信贷、保险外，还有（　　）。

A.证券　　B.投资基金　　C.金融信托　　D.融资租赁

二、多项选择题

1.我国商业银行的资本金由（　　）构成。

A.储备资本　　B.核心资本　　C.附属资本

D.公开资本　　E.优先股本

2.商业银行资本金的职能包括（　　）。

A.经营职能　　B.保障职能　　C.管理职能

D.调控职能　　E.政府职能

3.商业银行储蓄存款应坚持（　　）的原则。

A.存款自愿　　B.取款自由　　C.存款有息

D.为存款人保密　　E.保证安全

4.我国回购协议市场参加者主要有（　　）。

A.个人　　B.大商业银行　　C.证券交易商

D.实力雄厚的非银行金融机构 E.大企业集团

5.除了存款外，商业银行的负债业务还有（ ）。

A.同业拆借 B.金融债券 C.结算资金

D.回购业务 E.转贴现

6.商业银行的现金资产一般包括（ ）。

A.库存现金 B.中央银行存款 C.存放同业款项

D.在途资金 E.备用金

7.商业银行贷款的基本原则有（ ）。

A.高效性 B.稳定性 C.安全性

D.效益性 E.流动性

8.商业银行贷款按保障程度可划分为（ ）。

A.再贷款 B.政策性贷款 C.信用贷款

D.担保贷款 E.票据贴现

9.商业银行的投资对象包括（ ）。

A.股票 B.企业债券 C.政府债券

D.金融债券 E.实业

10.根据规定，存款人可以开立的存款账户有（ ）。

A.基本存款账户 B.一般存款账户 C.临时存款账户

D.信用存款账户 E.长期存款账户

11.目前我国普遍使用的支票有（ ）。

A.现金支票 B.转账支票 C.普通支票

D.空头支票 E.划线支票

12.融资租赁通常有（ ）等方式。

A.赊销租赁 B.直接租赁 C.转租赁

D.回租租赁 E.杠杆租赁

三、判断题

1.再贴现是中央银行以贴现所获得的未到期票据向商业银行转让而取得资金融通的行为。（ ）

2.回购实际上是一种以证券为担保的短期融资方式。（ ）

3.商业银行为保证利润最大化，应将吸收的存款全部用于发放贷款。（ ）

4.所有具有偿还能力的单位和个人均可向银行申请并取得借款。（ ）

5.借款人不得在一个商业银行同一辖区的两个或两个以上同级分支机构取得贷款。（ ）

6.借款人可以用贷款从事股本权益性投资。（ ）

7.借款人不得用贷款炒买炒卖有价证券、期货和房地产。（ ）

8.一般保证是指商业银行与保证人在保证合同中约定，当借款人没有偿还借款时由保证人承担偿还责任的担保行为。（ ）

9.连带责任保证是指借款人在借款期限届满没有偿还借款时，商业银行作为债权人有权

要求借款人偿还借款，也有权要求保证人在保证范围内承担偿还责任的担保行为。（　）

10.根据我国《商业银行法》的规定，商业银行的投资业务只能是债券中的政府债券和金融债券，而其他投资活动是禁止的。（　）

11.融资租赁至少涉及三个方面的关系，包括两份或两份以上合同。（　）

四、问答题

1.借款人向银行申请贷款时应具备哪些条件？

2.简述商业银行贷款的程序。

3.商业银行为何投资国债？

4.办理支付结算应坚持哪些基本原则？

5.简述融资租赁业务的程序。

五、案例分析题

2013年6月24日，长期居住在日本的李女士向记者求助称，她母亲2011年在中国银行鸡西市分行存款100万元，今年去取钱，却被告知钱被存到了中国人寿保险公司的户头上，现在要取出将损失5万元，即只能取回95万元，而且就算这6年期保险到期，也只能获得约6.5万元利息，收益远低于定期存款。

记者致电中国银行鸡西市分行，对方回复称，李女士母亲所购买的是中国人寿保险公司的“国寿鸿丰两全保险（分红型）”，除了享受保险外，到期还有分红，分红要依据保险公司的收益情况。此外，银行和保险公司方面协商向李女士提供保险总金额50%以上的无息贷款以满足其用钱需求，但李女士似乎不满意这个解决方案。

由于现年69岁的母亲生病急需用钱，今年年初李女士受母亲嘱托回国到中国银行欲将存款取出，却发现户头上的存款不翼而飞，一问才知道存款全买了中国人寿保险公司6年期的保险。李女士说，如果当前要取出100万元存款，将要亏损5万元，而就算到期，利息也只有约6.5万元，远低于5年定期的存款利息。按目前5年整存整取定期年利率，100万元存款的利息约为20万元，按整存零取的利息也有12万元左右。

专门回国取钱给母亲治病的李女士进退两难，取出全款，不但没有已存款两年的利息，反而还要损失5万元；不取出继续存满6年，分红不多且又着急用钱。于是，李女士便向母亲询问，才知道母亲在去中国银行存款期间签过一份保单。

“我们家常年在国外，2011年母亲回国，在我不知道的情况下去中国银行鸡西市分行存钱，银行的人告诉我母亲说这个好，银行的利息涨它就涨，银行的利息降它不降，还赠送一份保险，我母亲年纪大了，又不了解国内的情况就相信了。”李女士告诉记者。

李女士多次找中国银行鸡西市分行的相关负责人协商，中国银行鸡西市分行的工作人员也找来中国人寿保险公司的员工，“但是他们没有拿出诚意，互相推诿，并且态度十分恶劣！我认为中国银行鸡西市分行和中国人寿保险公司这是一种共同欺诈行为。”李女士怒道。

资料来源　蒋柠潞. 储户100万存款变保单　怒指银行与国寿共同欺诈［EB/OL］.〔2013-06-23〕. http://finance.ce.cn/rolling/201306/24/t20130624_17132531.shtml.

问题：1.请分析银行员工在营销银行产品时存在什么问题。

2.你认为银行员工在营销银行产品时应注意些什么。

第十四章　金融市场

【学习目的与要求】

金融市场的存在和发展，为政府、金融机构、企业和个人等的长短期资金相互转化和融通提供了媒介和场所，为投资者提供了各种可供选择的金融资产，便于其回避和分散风险；同时，也为中央银行根据金融市场的资金变化制定相应的货币政策、正确引导资金流向提供了依据。通过本章的学习，应掌握金融市场的各种类型和融资工具、融资方式、融资技巧，从而为企业寻求更有效的融资渠道与策略。

【重点、难点解析】

一、关于商业汇票的承兑问题

商业汇票是出票人签发的，委托付款人在指定日期无条件支付确定的金额给收款人或者持票人的票据。商业汇票的付款人为承兑人，按承兑人不同，商业汇票可分为商业承兑汇票和银行承兑汇票两种。

承兑，即承诺兑现，是汇票付款人承诺在汇票到期日支付汇票金额的票据行为。经过承兑的商业汇票，才具有法律效力，付款人才对其承担到期向持票人无条件支付票面金额的责任。这是因为：出票人与汇票付款人之间的关系是委托代理付款关系，汇票的出票仅仅是出票人的单方面行为，付款人并不因此成为当然的债务人，汇票必须经过付款人承兑后，付款人才承担付款责任。因此，持票人应及时向付款人提示承兑，以便确认汇票能否到期得到付款。如果付款人拒绝承兑，也就表明汇票到期日付款人将拒绝付款，则持票人只能向其前手及出票人行使追索权。

商业汇票既可以在出票时向付款人提示承兑后使用，也可以在出票后先使用再向付款人提示承兑。付款人收到持票人提示承兑的汇票时，应当向持票人签发收到汇票的回单，回单上应当记明汇票提示承兑的日期并签章；付款人对向其提示承兑的汇票，应当自收到提示承兑的汇票之日起3日内承兑（在汇票正面记载“承兑”字样和承兑日期并签章）或者拒绝承兑。承兑时，汇票上未记载承兑日期的，以收到提示承兑汇票的第三日为承兑日期；付款人承兑汇票，不得附加条件，否则，视为拒绝承兑。

二、关于商业汇票的贴现问题

1.商业汇票贴现的概念

商业汇票贴现是商业汇票持票人将未到期商业汇票的债权转让给商业银行而获得资金的一种票据转让行为。如果办理贴现的商业银行资金周转紧张，可以把收进的贴现票据向另一商业银行贴现，称为“转贴现”，也可以持票向中央银行贴现，称为“再贴现”。这些贴现业务统称为票据贴现。

2.商业汇票贴现的规定

第一，除法律另有规定外，商业汇票的贴现银行必须是贴现申请人的开户银行。

第二，银行承兑汇票的贴现银行必须是参加全国联行和省辖联行的银行机构，非银行金融机构不准办理银行承兑汇票的贴现。

3.持票人办理贴现的条件

商业汇票的持票人向银行办理贴现必须具备下列条件：

第一，在银行开立存款账户的企业法人及其他组织。

第二，与出票人或者直接前手之间具有真实的商品交易关系。

第三，提供与其直接前手之间的增值税发票和商品发运单据复印件。

4.商业汇票贴现手续

商业汇票的持票人办理贴现时，需填制贴现凭证一式五联，在第一联（代申请书）“持票人签章”处签章（签章应与预留银行签章相同）后，连同商业汇票一并送交开户银行。开户银行的信贷部门审查同意后交会计部门办理贴现手续，持票人接到银行会计部门转来的贴现凭证第四联（收款通知）后，以此作为原始凭证进行账务处理。

贴现金额是指贴现银行按汇票的票面金额扣除贴现利息后，实际支付给贴现申请人的金额。其计算公式为：

贴现金额=汇票金额-贴现利息

贴现利息是指持票人持商业汇票向开户银行办理贴现时，向开户银行所支付的利息。其计算公式为：

贴现利息=汇票金额×实际贴现天数×（月贴现率÷30）

实际贴现天数是贴现银行向持票人支付贴现款之日至汇票到期前一日的期限。

例如，甲企业持有票面金额为100万元的银行承兑汇票，该票据到期日为2018年6月30日。由于该企业资金周转紧张，于2018年4月10日持票向本市工商银行申请贴现，该银行月贴现利率为6‰。

贴现利息=100×81×6‰÷30=1.62（万元）

贴现金额=100-1.62=98.38（万元）

5.贴现银行收款手续

已贴现的商业承兑汇票到期时，贴现银行向承兑人收取票款；如收到退回的商业承兑汇票，贴现银行应从贴现申请人账户内收取票款。承兑人的银行账户不足以支付时，其开户银行应立即将商业承兑汇票连同委托银行收款凭证一并退回贴现银行，贴现银行应立即从贴现申请人账户内收取票款；如贴现申请人的银行账户存款不足，则转入逾期贷款户进行罚息和扣收款项。

对于已贴现的银行承兑汇票，贴现银行向承兑银行收取票款。

一、单项选择题

1.按（　　）不同，商业汇票分为商业承兑汇票和银行承兑汇票两种。

A.出票人　　B.承兑人　　C.付款人　　D.背书人

2.票面金额为100万元的银行承兑汇票，剩余日期为4个月，持票人向银行申请贴现，银行贴现利率为6%，则贴现金额应为（　　）万元。

A.76　　B.98　　C.90　　D.99

3.已贴现的商业承兑汇票到期时，贴现银行首先向（　　）收取票款。

A.出票人　　B.付款人　　C.承兑人　　D.贴现申请人

4.贴现银行在收取票款时，如遇到拒付，应从（　　）账户内收取票款。

A.出票人　　B.付款人　　C.承兑人　　D.贴现申请人

5.我国证券交易所的组织形式为（　　）。

A.股份制　　B.有限责任制　　C.合伙制　　D.会员制

6.证券交易所最高权力机构是（　　）。

A.会员大会　　B.理事会　　C.监事会　　D.总经理

7.证券交易价格是证券流通市场上由（　　）决定的价格。

A.证券交易所　　B.证券公司　　C.买卖双方供求　　D.管理层

8.各种证券交易方式中最基本、最普通的交易方式一般是（　　）。

A.现货交易　　B.信用交易　　C.期货交易　　D.期权交易

9.我国目前证券交易中普遍采取的交易方式是（　　）。

A.现货交易　　B.信用交易　　C.期货交易　　D.期权交易

10.各种证券交易方式中投机性最强的交易方式是（　　）。

A.现货交易　　B.信用交易　　C.期货交易　　D.期权交易

二、多项选择题

1.金融市场由多种要素构成，其基本要素包括（　　）。

A.资金供给者　　B.资金需求者　　C.中介者

D.金融商品　　E.管理者

2.根据我国《票据法》和《支付结算办法》的规定，我国目前使用的票据有（　　）。

A.汇票　　B.银行本票　　C.支票

D.商业本票　　E.银行期票

3.同业拆借市场一般包括（　　）。

A.CD市场　　B.外汇市场　　C.再贴现市场

D.头寸拆借　　E.同业借贷

4.下列属于货币市场的有（　　）。

A.同业拆借市场　　B.票据市场　　C.回购协议市场

D.短期国债市场　　E.CD市场

5.我国股票市场的参与者包括（　　）。

A.商业银行　　B.中央银行　　C.企业

D.投资者　　E.证券商

6.证券交易方式一般有（　　）。

A.现货交易　　B.信用交易　　C.期货交易

D.期权交易　　E.掉期交易

7.外汇市场的参与者一般有（　　）。

A.外汇银行　　B.中央银行　　C.外汇经纪商

D.买卖外汇的客户　　E.外汇投资或投机者

8.外汇交易的种类有（　　）。

A.即期外汇交易　　B.远期外汇交易　　C.套汇、套利和掉期交易

D.外汇期货交易　　E.外汇期权交易

三、判断题

1.政府也是金融市场的供求者。（　　）

2.金融商品也称为金融工具或信用工具，是证明信用关系存在及条件有效的一种合法凭证。（　　）

3.银行汇票、银行本票和支票三种票据是即期票据，见票即付，不必承兑。（　　）

4.商业汇票出票后即具有法律效力，承兑人必须承担到期向持票人无条件支付票面金额的责任。（　　）

5.商业汇票必须经承兑人承兑后才能背书转让。（　　）

6.贴现利息=贴现金额×实际贴现天数×（月贴现率÷30）。（　　）

7.证券交易所本身并不买卖有价证券，也不决定有价证券的价格。（　　）

8.证券交易所为买卖有价证券提供场所和设施并指导证券交易价格。（　　）

9.各证券商经过申请以会员身份加入交易所，并交纳一定的会费，但会员制证券交易所不以营利为目的。（　　）

10.证券经纪人作为证券交易双方的中介，是证券市场的中坚力量，发挥着重要作用。这些证券中介机构不仅办理代理委托业务，也自营买卖，同时还充当证券承销商，包揽证券发行业务。（　　）

11.现货交易是在成交后交易双方即时交割的交易方式。这里的“即时”，可以是当天，也可以是次日。（　　）

四、问答题

1.金融市场有哪些特点？

2.简述货币市场的作用。

3.同业拆借市场有哪些特点？

4.简述证券发行的基本程序。

5.简述保证金多头交易和保证金空头交易。

6.人们进行期货交易的目的是什么？

7.你是怎样理解期权交易的？

五、案例分析题

1.2017年7月5日，A纺织厂（以下简称A厂）与B棉麻公司（以下简称B公司）签订了一份购销合同。该合同约定：B公司向A厂供应50吨一级皮棉，总价款为人民币130万元；在合同签订之后的30日内，由A厂先期以银行承兑汇票的方式预付货款人民币30万元；B公司在同年10月上旬一次性向A厂交货；A厂收到货物并验收合格后30日内一次性向B公司付清余款。与此同时，为了保证该购销合同的履行，B公司要求A厂的上级公司即C纺织工业总公司（以下简称C公司）就A厂依约履行付款义务提供担保，A厂表示由C公司提供担保较为困难，但可以找C公司在B公司所在城市的分公司提供担保，B公司表示同意。于是，该分公司便与B公司签订了保证合同。该保证合同约定，该分公司保证A厂履行其与B公司签订的购销合同约定的付款义务，如果A厂不履行义务，该分公司保证履行。

2017年8月1日，A厂为履行先期预付货款的义务，向B公司开出一张人民币30万元见票后定期付款的银行承兑汇票。B公司收到该汇票后于同月8日向承兑行提示承兑，承兑行对该汇票审查之后，即于当日在汇票正面记载“承兑”字样，签署了承兑日期和签章，同时记载付款期限为同年11月28日。B公司为支付D建筑公司（以下简称D公司）的工程费，于同月20日，将该汇票背书转让给了D公司。

2017年10月上旬，B公司依照上述购销合同的约定向A厂一次性交付货物，并经A厂验收；同年11月上旬，A厂向B公司提出B公司交付的货物质量不符，要求退货；B公司声称其货物不存在质量问题，不同意退货，并要求A厂严格履行购销合同，按时向B公司支付货款。随后，A厂以B公司交付的货物质量不符为由，要求承兑行停止支付由其开出的人民币30万元的银行承兑汇票。D公司在该汇票到期日请求承兑行付款时，该行拒绝付款，A厂亦拒绝向B公司支付货款。

经调查证实：B公司交付A厂的货物不存在质量问题，A厂之所以要求退货，主要是因其生产的产品不适应市场的需要，积压过多，销售发生困难，因此决定停止生产经营，以便择机转产。

问题：（1）承兑行能否拒绝支付D公司提示的银行承兑汇票的款项？为什么？

（2）D公司在其提示的汇票遭拒绝付款之后，可以向谁行使追索权？

2.A公司从B公司购买一批医疗器械，总价款为人民币150万元。依据双方的约定，2017年5月28日，A公司向B公司支付定金人民币30万元；B公司于7月8日交货，A公司在收货后10日内付清余款。5月28日，A公司向B公司开出一张金额为人民币30万元的转账支票（同城使用，下同）。6月10日，B公司向付款人H提示付款，付款人H拒绝付款。B公司在遭到拒绝付款后，遂向A公司要求其重新出票，在A公司重新出票后，B公司方获得款项。7月8日，B公司按时交货。7月12日，A公司将从C公司背书受让的一张金额为人民币150万元的银行汇票背书转让给B公司。7月13日，B公司因偿还债务，又将该汇票背书转让给D公司。7月15日，A公司发现B公司交付的货物为伪劣产品，随即通知付款人W拒绝向上述银行汇票的持票人付款，但D公司于7月16日向付款人W提示该汇票请求其付款时，付款人W仍然按票面金额向D公司支付了全部票款。7月18日，A公司将货物退还给了B公司，同时要求B公司返还货款并承担担保责任；B公司同意退还货款，但拒绝承担担保责任。A公司遂向人民法院提起诉讼。

问题：（1）付款人H拒绝向B公司支付所持转账支票票款是否正确？为什么？

（2）付款人W向D公司支付所持银行汇票票款是否正确？为什么？

第十五章　国际金融

【学习目的与要求】

通过本章的学习，应对国际金融的基本知识有所了解，初步认识外汇与汇率；在此基础上，进一步掌握国际结算的一些业务知识；还可通过国际收支平衡表的基本项目，了解国际收支的基本内容。

【重点、难点解析】

一、关于汇率问题

汇率问题的重点主要是掌握买卖价、即期汇率和远期汇率。买卖价是站在银行的角度对外进行外汇买卖的价格。一般来说，凡是客户与银行进行交易，客户得到的总是少的，付出的总是多的；而银行得到的总是多的，付出的总是少的。这样，银行与客户之间的差价便是银行获取利润的来源之一。银行作为特殊的企业，其经营是不可能不盈利的。

在学习汇率时，由于刚开始学习，学生很容易发生混淆，特别是买卖价中的买价和卖价。从银行的角度和从客户的角度，看同一汇率便有不同的感觉，银行的买价即客户的卖价，银行的卖价即客户的买价。但是不管怎么样，使用买卖价原则，就比较容易区分了，即在实际应用中，如果难以区分买卖价，最好根据两个价格分别进行计算，如果是向银行买外汇，那么客户最终获得的外汇应是较小的那个数额；如果是向银行卖外汇，那么客户最终付出的本币就应该是较大的那个数目。

二、关于汇款托收款项的拨付

由于国际结算是在不同国家之间进行的，所以必须借助于两家或两家以上的银行才能够完成一笔结算业务，而这些银行位于不同的国家，结算是通过结算双方的款项拨付完成的，所以汇款托收款项的拨付要根据具体情况进行业务操作。根据银行设立账户的不同情况，其拨付方式和做账方法都是不一样的。在汇款的拨付中，一般有三种情况：一是双方互设账户；二是双方在某一代理行均设有账户；三是通过双方的代理行进行结算。在第一种情况下，只需在双方的账户上直接地记借方或贷方项目就可以完成；在第二种情况下，通过代理行分别借记、贷记双方账户即可完成；在第三种情况下，则要通过双方的代理行分别借记、贷记各方的账户才能完成。不管是在哪一种方式下，要完成一笔款项的转账结算，都必须通知对方银行。托收的拨付类似于使用汇款的拨付，但主要存在第一种和第二种情况。在汇款和托收中，银行向进出口商提供的是纯粹的转账结算服务，出口商是否能够安全、即时地收汇，进口商是否能够取得与贸易合同相符的货物，银行一概不负责任，而是取决于进出口商双方的信誉，所以这两种结算方式是建立在商业信用基础上的。

三、关于信用证结算方式

信用证是目前各国普遍采用的国际结算方式。它建立在银行信用的基础上，对各方当事人均有利。对出口商来说，只要提供给银行符合信用证要求的单据，就可以得到银行的垫款；对进口商来说，如果出口商提供的单据不符合信用证的要求，就可以拒绝付款；对议付行来说，只要提供议付服务，就可以获得一笔手续费，且对最终付款不负责任；对开证行来说，也可以得到一笔手续费，由于开立信用证之前需要对申请人进行严格的审核，所以开证行只需对严格符合信用证要求的单据负责，即使要承担付款的责任，风险也已降到最低程度。

在国际贸易中，采用信用证结算方式，一方面可以使出口商尽快得到资金进行再经营，另一方面也避免了进口商付款却拿不到货的风险，所以信用证是目前各国普遍采用的国际结算方式。

四、关于国际收支平衡表

国际收支平衡表是对一国国际收支的记录，它采用复式记账原理进行记账，表中还设有平衡项目，所以在国际收支平衡表中表现出来的借贷总余额为0，但这并不意味着各国的国际收支都平衡。在国际收支平衡表中，虽然采用的是复式簿记原理，每一笔经济业务都应该在借贷双方进行记账，但是在国际收支中，由于其结算是跨国界的，每一笔业务的发生通常都要一定的时间才能完成，所以在记账时，其借贷双方的数额由于统计口径不一，有可能会出现偏差。比如，一批出口的商品已经出关，根据海关统计，就可以在贷方记账，而借方的数字则必须等银行完成结算以后才能够获得，所以虽然同一笔业务分别记于借贷双方，但是一国的国际收支在借方和贷方的余额中往往是不平衡的。国际货币基金组织规定的国际收支平衡表统一格式，主要是便于各国的比较，便于国际金融机构根据平衡表上的内容对世界金融形势采取相应的措施，也便于各国根据国际收支平衡表制定本国的宏观决策。

一国的国际收支是很不容易平衡的，不是出现逆差，便是出现顺差，不管是哪一种情况，只要持续一定的时间，便会对一国的经济产生不良影响。

一、单项选择题

1.在外汇买卖中，一般使用的汇率是（　　）。

A.电汇汇率　　B.票汇汇率

C.信汇汇率　　D.基准汇率

2.在下列汇率中，价格最低的是（　　）。

A.买率　　B.卖率　　C.现钞买入价　　D.中间价

3.一个国家本国货币对关键货币的比价，我们称为（　　）。

A.基本汇率　　B.基准汇率　　C.套算汇率　　D.交叉汇率

4.在国际结算方式中，各国都普遍采用的方式是（　　）。

A.国际汇款　　B.国际托收　　C.信用证结算　　D.跟单托收

5.假定某日市场行情为：即期汇率1美元=人民币6.2600～6.2800元，3个月的远期差价为20/30，则3个月的远期买价为（　　）。

A.6.2620　　B.6.2820　　C.6.2630　　D.6.2830

6.在国际收支平衡表的项目中，占有最重要、最基本地位的是（　　）。

A.经常项目　　B.资本项目　　C.平衡项目　　D.官方储备项目

7.当一国的国际收支不平衡时，能自发进行调节的是（　　）。

A.汇率　　B.财政政策　　C.货币政策　　D.外汇缓冲政策

8.我国正式编制国际收支平衡表始于（　　）。

A.1979年　　B.1949年　　C.1981年　　D.1980年

9.人民币对外汇标价采用（　　）。

A.美元标价法　　B.直接标价法　　C.间接标价法　　D.人民币标价法

10.人民币远期汇率对外公布采用的标价方法是（　　）。

A.标出其远期差价

B.在即期汇率的基础上按一定比率计费

C.直接标出

D.在远期汇率的基础上按一定比率计费

11.目前，在国际金融市场上，普遍采用的标价方法是（　　）。

A.美元标价法　　B.直接标价法

C.间接标价法　　D.英镑标价法

12.在一般情况下，人们说的外汇往往指的是狭义的静态外汇含义，其主体为（　　）。

A.外国股票　　B.银行存款

C.外国债券　　D.外汇现钞

二、多项选择题

1.下列货币对我国来说，属于外汇的有（　　）。

A.美元　　B.日元　　C.欧元

D.英镑　　E.人民币

2.在跟单信用证结算方式下，单据非常重要，银行在审核单据时，应遵循的原则有（　　）。

A.单证一致　　B.贸易合同与单证一致　　C.单单一致

D.单据真实　　E.单证与贸易合同一致

3.国际结算中常用的票据有（　　）。

A.本票　　B.支票　　C.信用证

D.汇票　　E.旅行支票

4.在跟单信用证结算中，必须要使用单据，根据符合条件的单据进行结算。在所有的单据中，常用的有（　　）。

A.铁路运单　　B.航空运单　　C.邮包收据

D.海运提单　　　　E.商业发票

5.下列属于国际收支失衡原因的有（　　）。

A.结构性失衡　　　　B.货币性失衡　　　　C.所得性失衡

D.过度债务性失衡　　　　E.周期性失衡

6.国际收支平衡表中的经常项目包括（　　）。

A.贸易收支　　　　B.非贸易收支　　　　C.短期资本

D.长期资本　　　　E.单方转移

7.自主性交易是衡量一个国家国际收支是否平衡的标准，包括（　　）。

A.资本项目　　　　B.经常项目　　　　C.短期资本项目

D.长期资本项目　　　　E.官方储备项目

8.为了衡量一个国家的国际收支是否平衡，首先要将一个国家的国际收支按交易性质分成两大类，即（　　）。

A.自主性交易　　　　B.自由性交易　　　　C.调节性交易

D.投资性交易　　　　E.投机性交易

9.常见的外汇标价方法有（　　）。

A.直接标价法　　　　B.美元标价法　　　　C.间接标价法

D.外汇标价法　　　　E.本币标价法

10.在国际托收中，根据交单条件的不同，可分为（　　）。

A.付款交单　　　　B.承兑交单　　　　C.即期承兑交单

D.延期付款交单　　　　E.远期付款交单

三、判断题

1.美元是世界通用货币，所以对世界各国来说，美元都是外汇。（　　）

2.假定某日市场行情为：100美元=627.0000～629.0000元人民币，则美元买价为：627.0000，即银行买入100美元需付出627元人民币。（　　）

3.在国际汇款中，如果汇出行在汇入行开立账户，在汇出某一笔国际汇款时，应借记汇出行在汇入行开立的账户。（　　）

4.国际收支失衡是指一国的国际收支平衡表中借方项目与贷方项目不能够为0。（　　）

5.当一国出现国际收支逆差时，会使该国的黄金外汇大量流失。（　　）

6.当一国出现持续的国际收支顺差时，会给该国带来通货膨胀的压力。（　　）

7.在一国的国际收支平衡表中，最基本的项目是官方储备。（　　）

8.在1980年以前，我国的国际收支中主要是商品和劳务的外汇收支。（　　）

9.在外汇交易当中，最常使用的汇率是票汇汇率。（　　）

10.在信用证结算方式中，开证行可以等进口人付清款项以后，再与议付行结清款项。（　　）

11.出口地银行在对出口商进行议付后，不能再对出口商进行索偿，如果单据遭开证行拒付，只能自己承担损失。（　　）

12.信用证是根据贸易合同开出的，因此信用证在结算过程中一定受贸易合同的

约束。（ ）

13.记账外汇也可以根据实际需要，在市场上兑换成自由外汇。（ ）

14.在信用证结算中，进口商付款赎单后，如发现货物与贸易合同不符，可以到开证行要求其退款。（ ）

四、问答题

1.作为国际经济交往中的外汇，应具有哪些基本特征？

2.信用证结算方式具有哪些特点？

3.为什么在国际结算中，各国普遍采用信用证结算方式？

4.试述国际汇款中票汇的结算程序。

5.试述跟单托收的结算程序。

6.在国际汇款中，银行如何进行款项的拨付？

五、案例分析题

德国某银行来证规定：受益人于2017年4月6日议付交单，未明确规定议付有效地点，但该信用证附有有关合同并在条款中写明“所附合同为本信用证不可分割的一部分”。该合同第七条规定：“提单日期后20天内在中国议付有效。”

受益人装运、备单、制单后于4月6日向中国银行广州市分行交单议付。4月18日议付行收到德国开证行的来电：“我们确认已收到信用证项下的单据，金额为73 200欧元。但根据《UCP600》的规定，我们发现该项单据未在发货后21天内交单。已联系开证申请人，待答复后再告。”经议付行查留底单据，提单日期为3月18日，交单日期为4月6日，并未超过21天。从开证行来电的内容看，开证行显然把它所在的地方视为议付有效的地点，因而认为受益人拖延交单时间。议付行随即电告开证行：“单据未在发货日期21天内提交一事应请注意，你行来证虽未规定有效地点，但在有关条款中规定所附合同为信用证不可分割的一部分，而该合同明确规定在中国议付有效。今受益人于4月6日交单，没有超过21天，也符合合同中提单日后20天内在中国议付的规定。因此该不符点不能成立，请予确认，并即付款。”开证行接电后不再申辩，于4月25日电复：“已付款。”

问题：该案例说明了哪些信用证结算的知识？

六、实务题

1.某公司委托银行办理托收，单据于7月2日到达代收行，同日向付款人提示。在D/P即期、D/P20天、D/A20天3种不同托收方式中，付款人应分别于何日付款？

2.某公司委托银行办理托收，托收行未发现单据中存在错误，最后单到国外，代收行提示付款时，付款人提出单据有误拒绝付款。银行是否有责任？

3.A公司委托银行办理托收，但在托收指示中没有明确规定是承兑交单还是付款交单。单到国外，代收行向付款人提示汇票，要求付款人付清款项才能交单。付款人坚持承兑交单。结果货到港后，付款人无法提货，货受损。其责任由谁承担？

4.审核单据时未发现单据中的错误而办理买单议付，单到开证行被拒付，议付行是否有责任？

5.信用证规定受益人交单议付的有效期为6月5日，最后装运期为5月25日，并规定提交单据的特定期限为运输单据签发后11天。后经各方同意，开证行对信用证进行修改，将装运期延迟到6月5日，交单议付有效期延至6月16日。实际于6月12日提交5月28日签发的提单向银行办理议付，是否可以？

6.某进出口公司欲出口一批商品，向外报价每吨USD5 000 FOB Guangzhou，现外商要求改报英镑价格，试根据下列牌价，进行折算，应报多少英镑？（保留整数，即期汇率：GBP1=USD1.4025～1.4045）

第十六章　中央银行理论与实务

【学习目的与要求】

通过本章的学习，应了解中央银行的性质和职能，正确理解和认识货币政策、货币政策目标、货币政策工具方面的基本理论和知识；掌握中央银行的负债业务、资产业务和清算业务等方面的内容。

【重点、难点解析】

一、中央银行的性质

1.中央银行是一个特殊的金融机构。中央银行和一般金融机构一样，也办理存贷款、清算等银行业务，但中央银行又与一般金融机构有着本质差别：中央银行只同金融机构和政府发生业务往来；中央银行享有国家赋予的各种特权；中央银行代表国家制定和执行货币政策；中央银行的业务活动不以营利为目的，是国家用来干预经济生活的工具，是为实现国家经济政策目标服务的。

2.中央银行还具有国家机关的性质。中央银行从属于政府，是政府机构的成员，受政府的干预和控制；中央银行的独立性是相对的，它为实现国家政策服务；在中央银行的人事安排上，政府有发言权。但是中央银行又和一般的国家机关不同，它所从事的活动（包括管理）大都采用经济手段，辅之以必要的法律、行政等措施。

综上所述，中央银行是特殊的金融管理机关。

二、中央银行的职能

1.按中央银行在经济生活中的地位，中央银行主要是货币发行的银行、银行的银行和政府的银行。

2.按中央银行的性质，中央银行的职能主要有：

（1）服务职能。它是指中央银行向政府、银行及非银行金融机构提供金融服务的职能。如代理国库、经办政府的财政预算收支划拨与清算业务；为政府代办国家债券的发行、销售及还本付息事宜；为政府提供贷款（贷款方式可以是无息或低息短期信贷或购买政府债券）；作为政府的金融代理人，代为管理金银、外汇储备等。此外，中央银行还代表政府从事国际金融活动，并充当政府的金融顾问和参谋；为银行及非银行金融机构提供贷款，并为其提供清算服务。

（2）调控职能。它是指中央银行运用自身特有的金融手段，对货币与信用进行调节和控制，进而影响和干预国家宏观经济，实现预期的货币政策目标。中央银行调控职能的核心问题是通过制定与社会经济发展相适应的货币政策，实现对货币供给量的调节与控制，进而实现社会经济发展目标。因而，调控职能又可以理解为政府职能。

（3）管理职能。它是指中央银行作为一国金融管理的最高当局，为维护金融体系的健全与稳定、防止金融紊乱给社会经济发展造成困难，对银行及非银行金融机构的设置、业务活动及经营情况进行检查监督，对金融市场实施管理控制的职能。如统一制定有关的金融政策、法令；对各银行和非银行金融机构进行管理；及时检查、监督银行及非银行金融机构的活动，通过对各种业务账表、报告的查对、稽核，分析了解情况，发现问题，使其遵守有关金融法令和规章制度。

三、货币政策、货币政策目标、货币政策中介目标和货币政策工具

货币政策是中央银行为实现宏观经济目标而采取的组织和调节货币供应量的经济政策，包括货币政策目标和货币政策工具两大内容。从理论上讲，货币政策是一种宏观金融政策，目的是在货币领域实现社会总供给与总需求的平衡。

货币政策目标是中央银行制定和执行货币政策所要达到和实现的某些社会经济发展的目标。当代各国中央银行一般都将稳定物价、经济增长、充分就业和维持国际收支平衡作为货币政策的四大目标。多年来，我国一直把稳定货币市值和促进经济发展作为中国人民银行货币政策中并列的双重目标。

货币政策中介目标是中央银行为实现货币政策目标而设置的可供观测和调整的中间性操作指标。中央银行作为国民经济中的一个部门，它能直接控制的只是货币供给量，不是宏观经济目标本身。货币政策中介目标在不同国家有不同的内容。一般来说，货币政策中介目标包括四项指标，即存款准备金、利率、基础货币和货币供给量。存款准备金是中央银行创造的负债的一部分，由商业银行的库存现金和在中央银行的存款两项内容组成。存款准备金与货币政策目标具有相关性，这种相关性体现在存款准备金的逆经济循环方面。利率（市场利率）是影响货币需求、调控货币供给量的重要的政策性变量。利率与货币政策目标之间的高度相关性表现在利率是顺经济循环的，但又与社会总需求负相关。利率作为中介目标运用时，必须明确界定政策性和非政策性效果的界限，否则，会误导中央银行，影响货币政策的实施效果。基础货币是社会公众的手持现金和商业银行的存款准备金之和。作为中介目标，基础货币具有很强的可控性。它与货币政策目标也有相关性，表现在基础货币的增加和减少同方向影响货币供给量，由此引起信贷的张与弛、经济的荣与衰。货币供给量与货币政策目标有着密切的相关性，因为货币供给量的多少直接影响经济增长、就业水平、物价涨跌和进出口贸易额，而且两者的相关性体现在顺经济循环方面。货币供给量由现金和存款组成，它们不同程度地受中央银行的控制。我国货币政策的中介目标是货币供给量、信用总量、同业拆借利率和银行备付金率。

货币政策工具是指中央银行执行货币政策时所采用的措施和手段。中央银行借助于货币政策工具，影响货币供给量和信用规模，最终实现货币政策目标。货币政策工具按其性质可分为一般性货币政策工具（包括再贴现率、法定存款准备金率和公开市场操作三项工具）、选择性货币政策工具（包括证券市场信用控制、消费者信用控制、不动产信用控制和优惠利率四项工具）、直接信用控制的货币政策工具（包括贷款限额、利率限制和直接干预三项工具)、间接信用控制的货币政策工具（包括道义劝告和窗口指导两项工具)。

四、货币政策与财政政策的配合

货币政策与财政政策是国家宏观经济政策中的两大政策，货币政策的主要调控机制是货币供应的收缩与扩张，而财政政策的主要调控机制是财政的收入和支出。货币政策的核心是稳定通货，解决通货膨胀和通货紧缩问题；而财政政策的核心是实现财政收支平衡，解决财政赤字问题。但在现实经济中，通货膨胀和通货紧缩问题往往是由财政和信用两方面因素共同作用而引发的，这就要求货币政策和财政政策协调配合，这样才能治理好通货膨胀和通货紧缩。货币政策和财政政策的组合搭配通常有两种模式，即双松双紧和松紧搭配。双松双紧是指货币政策和财政政策沿着同一方向组合运动。松紧搭配，即或实行松的财政政策、紧的货币政策，或实行松的货币政策、紧的财政政策。

五、中央银行的负债业务、资产业务和清算业务

中央银行的负债业务是中央银行取得资金来源的业务。负债业务是中央银行运用经济手段对金融实施宏观调控的基础。中央银行的负债业务包括流通中的货币、政府部门存款和商业银行存款等。

中央银行的资产业务，即中央银行将其资产加以运用并借此实施其宏观调控的业务。中央银行的资产业务包括政府贷款、商业银行贷款、黄金外汇储备及证券买卖业务等。

中央银行的清算业务是指中央银行集中票据交换及办理全国资金清算的业务活动。中央银行的清算业务实现了银行之间债权债务的非现金结算，免除了现款支付的麻烦，便利了异地间的资金转移。中央银行的清算业务包括地区（同城）票据交换和办理异地资金转移。

一、单项选择题

1.中央银行的性质是（　　）。

A.商业银行　　B.工商企业

C.行政机关　　D.金融管理机关

2.（　　）是中央银行为实现货币政策目标而采取的措施和手段。

A.货币政策　　B.货币政策目标

C.货币政策工具　　D.货币政策的依据

3.我国中央银行的货币政策目标是（　　）。

A.稳定物价和充分就业　　B.维持国际收支平衡

C.促进经济增长　　D.稳定币值，发展经济

4.公开市场业务属于（　　）货币政策工具。

A.一般性　　B.选择性　　C.直接信用控制　　D.间接信用控制

5.货币政策中介目标与货币政策目标的相关性体现在（　　）的逆经济循环方面。

A.货币供应量　　B.存款准备金

C.利率（市场利率） D.基础货币

6.中央银行负责制定并执行国家的（ ）。

A.经济政策 B.货币政策 C.外贸政策 D.产业政策

7.货币政策和财政政策的共同调控对象是（ ）。

A.金融市场 B.货币供求 C.通货膨胀 D.政府收支

8.在需求膨胀、供给短缺、经济过热、通货膨胀严重的时期，应采用的财政政策和货币政策的配合形式是（ ）。

A.松的财政政策和松的货币政策 B.紧的财政政策和紧的货币政策

C.紧的财政政策和松的货币政策 D.松的财政政策和紧的货币政策

9.中央银行在经济衰退时（ ）法定存款准备金率。

A.调高 B.降低 C.不改变 D.取消

10.中央银行以行政命令或其他方式，直接对金融机构尤其是商业银行的信用活动进行控制所采用的货币政策工具是（ ）。

A.一般性货币政策工具 B.选择性货币政策工具

C.直接信用控制的货币政策工具 D.间接信用控制的货币政策工具

二、多项选择题

1.中央银行的职能包括（ ）。

A.调控 B.资源配置 C.管理

D.分配 E.服务

2.中央银行的负债业务主要有（ ）。

A.流通中的货币 B.政府部门存款 C.商业银行贷款

D.票据交换 E.商业银行存款

3.中央银行的资产业务主要有（ ）。

A.政府贷款 B.商业银行贷款 C.办理异地资金转移

D.黄金外汇储备 E.证券买卖

4.当代各国中央银行的货币政策目标一般包括（ ）。

A.充分就业 B.稳定物价 C.财政收支平衡

D.国际收支平衡 E.经济增长

5.一般来说，中央银行的货币政策工具主要有（ ）。

A.一般性政策工具

B.自动稳定器

C.选择性政策工具

D.直接信用控制的货币政策工具

E.间接信用控制的货币政策工具

6.一般性政策工具是中央银行运用最多的传统工具，具体指（ ）。

A.法定存款准备金率 B.优惠利率政策 C.消费信用控制

D.再贴现率 E.公开市场操作

7.各国中央银行一般选定的货币政策中介目标包括（ ）。

A.货币需求量　　B.存款准备金　　C.货币供给量

D.利率（市场利率）　　E.基础货币

8.对于1994年的金融体制改革，中央银行明确提出了我国的货币政策中介目标，具体包括（　　）。

A.货币供应量　　B.信用总量　　C.利率

D.同业拆借利率　　E.银行备付金率

9.货币政策的构成要素有（　　）。

A.货币政策工具　　B.货币政策中介目标　　C.货币政策执行准则

D.货币政策目标　　E.货币政策的调控机制

10.货币政策与财政政策的配合模式有（　　）。

A.紧的财政政策和松的货币政策　　B.松的财政政策和紧的货币政策

C.紧的财政政策和紧的货币政策　　D.松的财政政策和松的货币政策

E.积极的财政政策和积极的货币政策

三、判断题

1.中央银行作为特殊的金融机构，不具有国家机关的性质。（　　）

2.中央银行与一般金融机构相比，没有本质上的差别。（　　）

3.商业银行存款是中央银行重要的资金来源。（　　）

4.证券买卖既是中央银行的负债业务之一，又是一种有效的调控手段。（　　）

5.稳定物价就是固定物价。（　　）

6.充分就业意味着所有的劳动力都有满意的固定工作。（　　）

7.中央银行执行扩张性货币政策时，提高法定存款准备金率。（　　）

8.中央银行在执行紧缩性货币政策时，降低再贴现率。（　　）

9.货币政策目标和国家宏观经济目标是矛盾的。（　　）

10.货币政策和财政政策只有合理搭配使用，才能更好地发挥效应。（　　）

四、问答题

1.中央银行的性质如何表述？具体体现在哪些方面？

2.中央银行有哪些方面的职能？

3.货币政策目标包括哪些内容？

4.各国选择货币政策中介目标的指标有哪些？我国中央银行选择哪几项指标？

5.为了实现货币政策目标，可采用哪些政策工具？

6.中央银行有哪些业务？它与商业银行的业务有哪些不同？

7.货币政策和财政政策的配合模式如何实施？

第十七章 通货膨胀与通货紧缩

【学习目的与要求】

通过本章的学习，应充分理解通货膨胀和通货紧缩的含义，了解通货膨胀和通货紧缩的度量；掌握通货膨胀和通货紧缩的成因；掌握通货膨胀和通货紧缩对经济的效应及治理措施；结合我国实际情况，充分理解我国治理通货膨胀和通货紧缩的对策。

【重点、难点解析】

一、关于通货膨胀和通货紧缩的概念问题

1.通货膨胀是指在纸币流通条件下，货币流通量过多地超过货币必要量而引起的货币贬值、物价上涨的经济现象。理解通货膨胀的定义，必须注意以下几个问题：

（1）通货膨胀是纸币流通条件下特有的经济范畴。在纸币流通的条件下，一方面，纸币从制度上、技术上提供了无限供给的可能性；另一方面，纸币或纸币化的银行券本身没有内在价值，不能退出流通领域，缺乏自动调节货币供给量的功能。因此，过多的纸币只能停留在流通界而别无他途。结果，货币的供给大大超过对货币的需求，造成供给量过多，引起通货膨胀。

（2）通货膨胀表现为纸币贬值，物价全面持续上涨。由纸币流通规律可知，单位纸币所代表的价值量，取决于商品流通所必需的货币数量和纸币流通总量。当纸币流通总量超过货币必要量时，单位纸币所代表的价值就会降低，其表现形式就是单位纸币的购买力下降。货币的币值是指一般商品的购买力，而不是指某种、某类具体的商品的购买力。因而，通货膨胀只能与物价总水平相联系，也就是必须包括所有商品和劳务的价格在内。

（3）通货膨胀既可以是开放性的，也可以是隐蔽性的。开放性通货膨胀直接表现为一般物价水平的上涨，主要发生在物价不受管制的完全市场经济中。隐蔽性通货膨胀不直接表现为物价水平的上涨，而表现为商品紧缺、限量供应、票证货币化、储蓄骤升、黑市买卖、投机猖獗等现象。这些现象实质上是变相的物价上涨，主要发生在物价受到管制的经济中。一旦政府撤销物价管制，物价上涨就会公开暴露。因此，这种形式的通货膨胀也称“抑制性通货膨胀”。

（4）在通货膨胀的不同阶段，物价上涨的速度与货币增加的速度是不一致的。在通货膨胀初期，物价上涨的速度慢于货币增加的速度。在通货膨胀中期，物价上涨的速度逐步加快，随着通货膨胀的加剧，物价上涨的速度就会超过货币增加的速度，而且通货膨胀越严重，物价上涨的速度就越是快于货币增加的速度。

（5）通货膨胀具有非均衡性。因为在不同的商品之间，物价上涨的速度是不均衡的。

2.关于通货紧缩，目前，尚没有一个令经济学家们完全认同的确切定义，国内外学术界对通货紧缩主要有以下观点：

（1）认为通货紧缩是指物价普遍、持续下降的现象。这是许多经济学家认同的观点，他们认为，通货紧缩是指长时期的、涉及面广的价格下跌。

（2）认为通货紧缩是指物价总水平持续下跌、货币供应量持续下降，与此相伴随的是经济衰退现象。

（3）认为通货紧缩是经济衰退的货币表现，因而具有三个特征：一是物价持续下跌、货币供应量持续下降；二是有效需求不足、失业率高；三是经济全面衰退。

我们认为通货紧缩是与通货膨胀相反的一种经济现象。通货膨胀是商品与劳务价格普遍、持续地上升；通货紧缩则是商品与劳务价格普遍、持续地下跌。价格是商品和劳务价值的货币表现，价格普遍、持续地下降，表明单位货币所反映的商品价值在提高。因而通货紧缩与通货膨胀一样，也是一种货币现象。通货紧缩所反映的物价下跌，必然是普遍的、持续的。

二、关于通货膨胀和通货紧缩的成因问题

1.通货膨胀的成因

（1）需求拉动。其包括：①财政赤字。改革开放以前，我国实行的是高度集中的计划经济体制，体现在分配领域，就是以财政手段分配为主，财政分配占整个国民收入的1/3以上。由于财政支出主要用于基本建设，而国家作为投资主体，对资金的使用缺乏约束机制，同时在赶超战略思想的指导下，基本建设规模的安排往往超过财政收入水平，因此就形成了财政赤字，而财政赤字的弥补又往往是通过货币发行和向银行透支的方式来解决的。②信用膨胀。信用膨胀就是银行贷款的规模超过了国民经济发展的实际需要，从而导致贷款的货币投入没有相应的产出。这就意味着在既定的供给条件下，货币的供应增加，从而造成需求过旺，物价上涨。

（2）成本推动。我国自经济体制改革以来，打破了传统的几乎完全冻结的工资及物价模式，工资、物价的严格管制逐步放松。其包括：①工资的上涨。企业的管理者与员工在利益上是一致的，他们都以工资、奖金作为自己的合法收入。企业员工在个人收入方面有追求最大化的行为，由于管理者的身份仅仅是经营者而非所有者，因此对企业员工的这种愿望，会给予默许或公开赞同，这就促使企业工资水平不断提高。②原材料价格的上涨。由于原有的价格体系不合理，在捋顺价格体系的过程中，国家多次调整原材料与制成品的不合理比价。原材料价格的上涨，直接增加了企业的生产经营成本，这种成本的增加，会转嫁到产品价格中去。

（3）结构性因素。其包括：①供求关系变化导致的部门结构失衡。短缺的部门产品涨价，过剩的部门产品价格不下跌，存在失业和过剩的生产能力及物价上涨现象。②开放部门和封闭部门。开放部门的产品随着世界市场的涨价而涨价，相关人员的工资随之上涨，而非开放部门的产品也涨价，从而引起物价上涨。③劳动生产率提高快的部门和劳动生产率提高慢的部门（如原先的制造业和服务业）。劳动生产率提高快的部门涨工资，而劳动生产率提高慢的部门也要求涨工资。④基础工业与加工工业、农业与工业发展的失衡。这在我国也是引起通货膨胀的一个重要结构性因素。

（4）综合因素。其包括：①体制性因素。体制性因素是指从现行经济体制上来分析判断形成通货膨胀的原因。它包括银行信贷管理体制、企业制度、价格体系等因素。从一定意义上讲，这些因素是我国通货膨胀产生的真正根源。②政策性因素。政策性因素是指宏观经济政策选择不当（如过松或过紧）给社会总供求均衡带来的不利影响。它包括财政预算规模的大小、赤字的高低、信贷规模的大小、银根松紧和一定时期的货币政策等因素，以及国家产业政策方面的原因。③一般性因素。一般性因素是指即使排除体制和政策选择不当等因素的影响，单纯由于经济成长或经济发展等过程也存在足以引发物价总水平持续上涨的中性原因。它包括的内容十分广泛。比如中国的国情，即人口多、耕地少，极易形成农产品及消费品价格的上涨。

2.通货紧缩的成因

（1）紧缩性财政政策。政府实施紧缩性财政政策，就会大量削减公共开支，减少转移支付，从而减少社会总需求，加剧商品和劳务市场的供求失衡，导致通货紧缩的形成。

（2）紧缩性货币政策。当通货膨胀问题得到解决以后，如果中央银行继续采取紧缩性货币政策，就可能产生物价的持续下跌，导致通货紧缩。

（3）科技创新的原因。科技进步与创新提高了生产力水平，科学的管理体制使生产成本下降，造成生产能力过剩。在供给大于需求的情况下，物价下跌不可避免。

（4）汇率制度的原因。如果一国采取盯住强币的汇率制度，货币币值高估，就会导致出口下降，加剧国内企业经营困难，促使消费需求趋减，出现物价的持续下跌；同时，其他国家货币的大幅贬值，也会造成货币贬值国家商品的大量流入，进一步加剧国内物价的持续下跌态势。

（5）金融体系低效率的原因。如果金融机构不能对贷款项目进行风险识别，那么就可能滥放贷款，造成不良贷款比重提高，也可能不愿意贷款或片面提高贷款利率以作为承担风险的补偿，从而形成信贷萎缩，最终导致物价下跌，产生通货紧缩。

三、关于通货膨胀与通货紧缩对经济的效应问题

1.通货膨胀对经济的效应

（1）对经济的正效应。

通货膨胀在初期确实能对经济增长起到一定的促进作用，表现为有利于动员闲置资源，有利于扩大投资，有利于优化产业结构。在通货膨胀初期，适度的通货膨胀虽然对经济呈现正效应，但这些效应是有限的和递减的，随着通货膨胀的持续和加剧，其对经济的影响最终由促进转向破坏，由正效应变成负效应。

（2）对经济的负效应。

①影响生产的正常进行。第一，通货膨胀对扩大就业和增加生产只能暂时产生刺激作用，这种作用不可能持久，也不会形成健康的经济运行机制；第二，通货膨胀会导致生产结构失衡并造成生产下降；第三，通货膨胀造成生产资金日趋短缺；第四，通货膨

胀会造成技术进步缓慢；第五，通货膨胀不利于企业进行经济核算。

②对国民收入再分配的效应。通货膨胀会影响国民收入的再分配：首先，对社会成员来说，其影响主要表现在通货膨胀改变了原有收入和财富的占有结构。由于物价的上涨一般先于工资的增长，那些依靠固定工资生活的社会成员自然就减少了实际收入而成为受害者。而那些只需支付较少实际工资的企业、借款经营的单位和发行国债的国家，则是通货膨胀的受益者。这种不公正的国民收入再分配，不可避免地会引起社会的不安定。其次，和高收入家庭相比，低收入家庭中生活必需品的支出所占比重大，因此低收入家庭通常是通货膨胀最直接的受害者，而高收入家庭的损失程度则相对轻些。最后，一个家庭或单位以货币形式存在并以固定金额计算的财产，由于货币购买力的下降，必然遭受损失；而以可变价格计算的财产，其价值则随物价的上涨而上涨或保持原来的价值。这就使财富在不同的家庭、不同的企业和政府之间进行再分配，这是一种盲目的、不合理的也是不公正的再分配，为社会大众所厌弃。

③对流通的扰乱效应。首先，通货膨胀扰乱了正常的流通渠道。其次，在通货膨胀持续时期，由于人们对通货膨胀的预期，普遍存在物价“看涨”心理。为寻求保值手段，人们就会抢购惜售，重物轻币，囤积居奇，哄抬物价，从而促使商品供求关系扭曲变态，进一步加剧商品流通混乱。最后，如果一国的通货膨胀率高于国际通货膨胀率，就会使原出口产品转为内销，并增加进口，导致国际贸易出现逆差。

④对消费的负效应。首先，通货膨胀削弱了消费者的实际购买力，导致其生活水平普遍下降。其次，消费者对通货膨胀的预期往往促使其提前消费或加速消费，从而加剧了社会供需矛盾。

⑤对财政金融的效应。首先，通货膨胀影响财政收支平衡。一方面，持续的通货膨胀使税源减少，举债困难，最终减少财政收入；另一方面，财政支出则因物价上涨必须相应增加，因而财政收支难以平衡。其次，通货膨胀造成货币流通混乱。不断贬值的货币极难执行价值尺度和流通手段的职能。当通货膨胀达到一定程度时，人们为避免损失，宁愿持有实物而不愿接受纸币，甚至出现排斥纸币、恢复物物交换的原始商品交换方式的现象。这样，纸币的流通范围越来越窄，最终导致纸币流通制度的崩溃。最后，通货膨胀破坏了正常的信用关系。因为通货膨胀对债权人不利，为了避免损失，商品交易中的现金交易增加，商品信用衰落。同时，银行信用也因来源减少而日趋萎缩。

2.通货紧缩对经济的效应

总的来说，通货紧缩对社会经济产生的效应是负面的，即通货紧缩是不利于社会经济发展的。

（1）通货紧缩对经济的影响。由于通货紧缩会增强货币的购买力，因此在通货紧缩时期，人们会推迟购买、增加储蓄，以等待将来更低的价格出现。这样，通货紧缩使个人的消费支出受到抑制，同时也造成商业活动的萎缩。物价的持续下跌会提高实际利率水平，即使名义利率下降，资金成本一般仍比较高，致使企业投资成本高昂，投资项目变得越来越没有吸引力，企业因而减少投资支出。居民和企业的这些行为都会降低就业增长和经济增长速度，甚至可能形成经济衰退。

（2）通货紧缩对银行业的影响。通货紧缩可能会导致银行业的危机。这是因为：第一，通货紧缩加重了贷款者的实际负担，产品价格出现非预期下降，收益率也随之下降，贷款者归还银行贷款的能力有所减弱，银行贷款面临的风险随之增大。第二，资产价格的持续下降也会产生负面的财富效应，降低资产的抵押或担保价值，银行被迫要求客户尽快偿还贷款余额。这又导致资产价格进一步下跌，贷款者的净资产进一步减少，从而加速破产过程，最终致使银行遭受损失甚至破产。银行经营环境的恶化会使人们对银行产生一种不信任感，为了保护自己的资金安全，他们一方面将钱放在手里，不存入银行，另一方面会把钱从银行提出来，而这又会增加银行的流动性危机。第三，如果人们预期通货紧缩还将继续，那么在任何名义利率下他们都不愿意借款，否则他们最终偿还贷款的价值要高于现在的价格。同时，考虑到逆向选择的风险，如果银行预期资产或商品价格会下降，它们就会惜贷。这就容易造成信贷供给和需求的萎缩。

四、治理通货膨胀和通货紧缩的对策

1.治理通货膨胀的对策

通货膨胀是社会总需求大于社会总供给的结果，因此治理通货膨胀的对策主要从控制需求和改善供给两方面进行。

控制需求可通过实行宏观紧缩政策达到目的。紧缩政策主要包括紧缩性货币政策（实现此政策的手段主要有：①通过公开市场业务出售政府债券，以相应减少货币存量；②提高法定存款准备金率，以缩小货币乘数；③提高利率，促使人们减少消费需求，而把更多的收入用于储蓄；④控制政府向银行的借款额度）；紧缩性财政政策（实现此政策的手段主要有增加税收和减少政府支出）；紧缩性收入政策和指数化方案。

改善供给，即发展生产，增加有效供给，一般可采取的措施有：①实行有松有紧、区别对待的信贷政策；②发展对外贸易，改善供给状况。

2.治理通货紧缩的对策

由于在通货紧缩条件下，一般物价水平低于其合理水平，因此治理通货紧缩的直接目标是促使一般物价水平回到其正常水平，可采取如下措施：

（1）实行积极的财政政策，即扩大财政支出和优化财政支出结构。

（2）实行积极的货币政策，即中央银行要及时做好货币政策的微调，适时增加货币供应量，降低实际利率；密切关注金融机构的信贷行为，通过灵活的货币政策促使金融机构增加有效贷款投放量，以增加货币供给。此外，中央银行还可以放松利率管制，加快利率市场化改革。

一、单项选择题

1.通货膨胀与物价水平相联系，这里的物价水平是指（　　）。

A.批发物价水平　　B.生产资料价格水平

C.消费资料价格水平　　D.物价总水平

2.通货膨胀是（　　）。

A.金属货币流通条件下经常发生的经济现象

B.纸币流通条件下特有的经济现象

C.金属货币流通条件下和纸币流通条件下都没有的经济现象

D.纸币流通条件下和金属货币流通条件下共有的经济现象

3.在商品和劳务供应不变的情况下，因生产成本提高而引起的通货膨胀叫作（　　）。

A.需求拉上型通货膨胀　　B.成本推动型通货膨胀

C.结构失调型通货膨胀　　D.抑制型通货膨胀

4.在经济运行过程中总需求过度增加，超过了既定价格水平下商品和劳务等方面的供给而引起的通货膨胀叫作（　　）。

A.隐蔽型通货膨胀　　B.需求拉上型通货膨胀

C.成本推动型通货膨胀　　D.结构失调型通货膨胀

5.改变社会成员原有收入和财富的占有比例，是指通货膨胀（　　）。

A.对生产的影响　　B.对流通的影响

C.对再分配的影响　　D.对消费的影响

6.一般来说，治理通货膨胀主要包括（　　）。

A.冻结物价和冻结工资两个基本方面

B.实行紧缩性财政政策和货币政策两个基本方面

C.控制投资需求和消费需求两个基本方面

D.控制需求和改善供给两个基本方面

7.由于总需求不足，正常的供给显得相对过剩，由此而引发的通货紧缩称为（　　）。

A.需求不足型通货紧缩　　B.供给过剩型通货紧缩

C.相对通货紧缩　　D.绝对通货紧缩

8.实行积极的财政政策意味着（　　）。

A.减少财政支出　　B.减少财政收入

C.减少发行国债　　D.调低税率

9.将收入水平、利率水平同物价水平的变动直接挂钩，以抵消通货膨胀影响指的是（　　）。

A.紧缩性财政政策　　B.紧缩性收入政策

C.紧缩性货币政策　　D.指数化方案

二、多项选择题

1.目前世界各国衡量通货膨胀的指数大多采用（　　）。

A.消费物价指数　　B.批发物价指数　　C.货币购买力指数

D.国民生产总值物价平均指数　　E.商品结构指数

2.我国的通货膨胀成因主要表现在（　　）等方面。

A.基本建设投资膨胀　　B.社会公众对通货膨胀的预期

C.银行发行货币弥补财政赤字　　D.银行信用膨胀

E.国际收支长期大量顺差

3.治理通货膨胀的对策有（　　）。

A.增加供给　　B.增加需求　　C.控制需求

D.控制供给　　E.改善供给

4.按物价上涨程度划分，通货膨胀可分为（　　）。
A.爬行式通货膨胀　　B.温和型通货膨胀　　C.恶性通货膨胀
D.公开型通货膨胀　　E.隐蔽型通货膨胀
5.就通货紧缩产生的一般性原因而言，主要有（　　）。
A.财政政策　　B.货币政策　　C.科技创新
D.汇率制度　　E.金融体系低效率
6.通货膨胀对经济的影响具体表现在（　　）等方面。
A.影响社会成员的财富占有比例　　B.生产
C.流通　　D.消费
E.财政金融
7.从我国20世纪90年代末期所出现的通货紧缩实际情况看，其产生的原因有（　　）。
A.全球性的通货紧缩　　B.人民币竞争力的下降
C.企业低效益　　D.政府刺激居民消费的政策
E.高强度的积极财政政策的实施
8.治理通货膨胀时改善供给的措施一般包括（　　）。
A.降低税率，促进生产发展　　B.提高税率，增加国民收入
C.实行有松有紧、区别对待的信贷政策　　D.发展对外贸易，改善供给状况
E.控制政府向银行的借款额度

三、判断题

1.通货膨胀是金属货币流通条件下和纸币流通条件下都经常发生的经济现象。（　　）
2.在金属货币流通条件下，一般不会产生通货膨胀。（　　）
3.在纸币流通条件下，必然会出现通货膨胀。（　　）
4.通货膨胀与物价总水平相关联，所以即使个别商品的价格上涨，也意味着出现了通货膨胀。（　　）
5.通货膨胀在流通方面的影响主要是改变了社会成员原有收入和财富占有的比例。（　　）
6.在治理通货膨胀的过程中，增加供给主要依靠增加投资特别是固定资产投资。（　　）
7.人民币竞争力的下降是造成我国通货紧缩局面的一个重要因素。（　　）
8.亏损企业不能及时退出生产领域是造成通货紧缩循环的主要原因。（　　）
9.我国实施积极财政政策的手段主要包括增加财政支出和提高税率。（　　）
10.在通货紧缩时期，人们的货币购买力下降，个人消费支出受到抑制。（　　）

四、问答题

1.如何完整地理解通货膨胀的内涵？
2.西方国家通货膨胀的成因理论有哪些？马克思是如何认为的？
3.我国通货膨胀的成因有哪些？
4.简述通货膨胀对社会经济的负效应。

5. 如何理解通货紧缩的概念？

6. 产生通货紧缩的一般性原因有哪些？请简要说明。

7. 请简要阐述通货紧缩对经济的负效应。

8. 我国治理通货膨胀的对策有哪些？

9. 我国治理通货紧缩的对策有哪些？

五、案例分析题

2010年以来，国内大蒜、绿豆、生姜、食用油、白糖、蔬菜、棉花、煤炭等商品的价格涨势接连不断，居民消费价格指数持续上涨。2011年6月份，全国居民消费价格总水平同比上涨6.4%，创下了35个月以来的新高。从2011年上半年国内商品价格的变化趋势看，市场上已经形成了强烈的通胀预期，而且推动物价上涨的诸多因素依然存在：货币“超发”恐持续，劳动力成本将继续上升，输入型通胀压力和“热钱”流入不减，给我国之后的宏观调控带来了很大挑战。虽然中央定调2011年的货币政策向稳，但相比2010年的货币政策并不意味着有实质性的改变。因为货币政策还要支持经济发展方式转变和经济结构战略性调整，宏观调控既要控制物价持续上涨带来的通胀压力，又要防止货币、信贷、投资和工业下降过快引发经济衰退，还要兼顾经济结构调整。央行没有明确信贷额度和货币供应量增长目标，而是提出保持合理的社会融资规模，就充分说明了这一点。央行将稳定物价作为当前和今后一个时期的首要任务，将控制物价过快上涨的货币条件，但鉴于2011年上半年已经6次上调法定存款准备金率、2次上调金融机构人民币存贷款基准利率，又考虑到当前的经济现状和中美利差的持续扩大，上调利率和存款准备金率的空间将受到限制。今后几年，我国控制通胀的压力仍然很大，任重道远。

问题：我国所出现的通货膨胀给我们什么启示？

第十八章　保险业务

【学习目的与要求】

通过本章的学习，应掌握保险的含义和基本特征；掌握保险合同的基本内容，学会如何签订保险合同；了解我国目前的保险险种。

【重点、难点解析】

一、关于保险利益问题

保险利益是指投保人或被保险人对保险标的具有的法律上承认的利益，即具有符合法律规定并受法律保护的某种权利义务关系。如果投保人或被保险人对保险标的不具有保险利益，保险合同无效。

1.保险利益的成立条件

（1）必须是法律认可的利益。保险利益必须是合法的利益，如果投保人以非法利益投保，如以盗窃来的赃物投保家庭财产险，以违禁品投保海洋货物运输险等，保险合同无效。

（2）必须是可以用货币计算和估价的利益。发生保险事故时，需要弥补的正是投保人在保险利益上的损失。因此，保险利益必须在经济上有价值，可以用货币来计算。人身保险是以人的身体、生命和健康为标的的，人身价值无法确定，但被保险人的生、死、伤、残等均可使被保险人或受益人在经济上受到影响，这种影响是可以用货币来计算和估价的。人身保险的利害关系只有反映在经济上才能称为保险利益。保险不能补偿被保险人所遭受的非经济上的损失，如精神创伤、刑事处分、政治迫害等虽与当事人有利害关系，但这种利害关系不是经济上的，因此不能构成保险利益。

（3）必须是可以确定的利益。所谓确定的利益，有两层含义：一是指利益已经确定，如已取得物的所有权、使用权等；二是在订立合同时利益尚未确定，但保险事故发生前或发生时必能确定的利益，如进口商已签订购货合同，但货物尚未运输，物权尚未转移到进口商手中，但他可以将此项货物作为已拥有保险利益而与保险人签订保险合同——因为进口商对该项货物的利益在提单转手后即可确定。

2.财产保险的保险利益的确认

（1）财产上的现有利益。这里所说的财产既包括有形财产，也包括无形财产。现有利益是指现在存在并可以继续存在的利益。财产上的现有利益包括由所有权、共有权、抵押权、留置权等产生的保险利益。

（2）由现有利益所产生的预期利益。预期利益不是一种凭空产生的利益，它有得以获得或实现的合同根据或法律根据。例如，正在正常营业的商店预期的营业收入、海上承运人对运达货物的预期收入，都是一种预期利益。

（3）责任利益。这里所指的责任利益，是因民事责任而产生的责任利益，如因合同责任、侵权行为责任等产生的责任利益。凡存在产生经济赔偿责任的可能性，即有保险利益。投保人投保、保险人承保的责任利益，只能是因民事责任而产生的责任利益。

（4）或然利益。它是指投保人或被保险人对特定财产可能具有的不确定的利害关系。例如，以离岸价格出口货物的卖方，在收到货款前，对该批货物具有经济利益。卖方如果发现买方有拒付货款的可能，即可行使中途停运的权利。在卖方行使该权利后，自然对这批货物具有保险利益。但在提单已经转让、停运通知发出前，卖方是否具有保险利益就无法确定。这种不确定的利益被称为或然利益。或然利益也可作为海上货物运输保险合同的标的。

3.人身保险利益的性质和确认

一般观点都认为，凡是被保险人的继续生存对投保人具有现实或预期的经济利益，即认为投保人对该被保险人具有保险利益。保险利益存在于下列几种情形中：

（1）本人。投保人对自己的生命、身体和健康具有保险利益。如果投保人指定他人为受益人，应视为投保人将自己的利益转移。这是一种处分自己权利的民事行为，受法律的保护。

（2）有血缘关系的亲属。像夫妻之间、父母子女之间、永久共同生活的亲属之间等，相互都具有保险利益。投保人与其他亲属之间原则上必须有金钱利益的关系，才有保险利益。

（3）债权人对债务人有保险利益。该项保险利益以债务人实际承担的债务为限。

（4）本人对为本人管理财产或具有其他利益关系的人具有保险利益。例如，在合伙关系中，每一合伙人都对其他任一合伙人的生命具有保险利益；委托人对受托人具有保险利益；雇主对雇员具有保险利益。

二、关于保险赔偿问题

保险赔偿是指保险人对被保险人因保险事故发生造成的损失给予经济补偿，或因保险事件的出现，对被保险人或受益人给付保险金的行为。保险赔偿有一定的计算赔偿金额的方式。在财产保险中，赔偿方式主要有以下几种：

1.比例赔偿方式

比例赔偿方式是指按保险金额与出险时实际价值的比例来计算赔偿金额。它是投保人或被保险人和保险人双方事先不确定保险标的的价值，只在合同中载明保险金额作为财产损失的最高赔偿金额，当发生保险事故造成损失时，确定保险标的的实际价值，再按实际价值计算赔偿金额的一种方法。这种方法一般适用于企业、家庭财产保险合同。其计算公式为：

赔偿金额=损失金额×（保险金额÷实际价值）

举例1：某保险标的的保险金额为20 000元，保险事故发生后，核定保险价值为15 000元，全部损失，赔付15 000元，保险金额超过保险价值部分无效；若相反，保险金额20 000元，保险价值为25 000元，全部损失，则只能赔付20 000元，超过保险金额部分无效，由被保险人自负。

举例2：保险标的的实际价值为50 000元，保险金额为40 000元，损失金额为30 000元。

赔偿金额=30 000×（40 000÷50 000）=24 000（元）

2.第一损失赔偿方式

第一损失赔偿方式是指在保险金额限度内，按照实际损失赔偿，而不考虑保险金额与财产实际价值之间的比例。这种赔偿方式之所以叫作“第一损失”赔偿，是因为将保险财产的实际价值分为两部分：第一部分是等于保险金额的部分，也就是第一损失部分，如果损失金额不超过保险金额，那就视同已经足额投保，可以按照损失金额全部赔偿；第二部分是超过保险金额的部分，应当作为被保险人自己负责的部分，保险人对超过的部分不负赔偿责任。这种方式也叫作第一危险赔偿方式。此方式一般适用于家庭财产保险。其计算公式为：

赔偿金额=损失金额（损失金额不得超过保险金额）

举例1：财产价值12 000元，保险金额为10 000元，损失金额为10 000元或8 000元，则赔偿金额为10 000元或8 000元。

举例2：财产价值18 000元，保险金额为10 000元，损失金额为12 000元，则赔偿金额为10 000元。

3.限额责任赔偿方式

限额责任赔偿方式是指财产保险合同当事人双方在合同中事先约定一个固定数额，保险人只在保险财产损失超过约定数额时，才负赔偿责任。这种赔偿方式多用于农业保险、工程保险和责任保险等。

举例：投保人对承包的果园投保，约定收获50 000千克，实际收获30 000千克，保险人仅对歉收的20 000千克负责赔偿。如果实际收获60 000千克，在承保期间虽然遭受自然灾害，但保险人不负赔偿责任。

4.定值赔偿方式

定值赔偿方式是指由投保人或被保险人和保险人事先约定一个固定的保险标的价值作为保险金额，并载明于保险单中的一种确定保险金额的方式。对于定值保险，在发生保险事故并产生损失时，可按保险单载明的保险金额计算赔偿额。如果是部分损失，只需要确定损失比例，然后按损失比例赔偿。这种方法一般适用于货物运输保险、船舶保险等。其计算公式如下：

赔偿金额=保险金额×损失比例

损失比例=保险标的损失额÷财产受损当时当地完好市价×100%

举例1：海洋运输货物保险，被保险货物投保当时的实际价值为15 000元，保险金额与约定保险价值相等；货物在运输途中受损，损失程度为80%，保险赔款应该是12 000元（15 000×80%）。

举例2：运输货物保险，保险金额为8 000元，与保险价值相等。财产受损当时当地完好市价为9 000元。受损财产在当地处理，残值为3 600元。

损失比例=（9 000−3 600）÷9 000×100%=60%

赔偿金额=8 000×60%=4 800（元）

一、单项选择题

1.对保险标的具有保险利益，向保险公司申请，与保险人订立保险合同并按约定向保险公司支付保险费的当事人是（　　）。

A.投保人　　B.保险人　　C.被保险人　　D.受益人

2.保险经纪人是基于（　　）的利益而从事经纪活动的。

A.投保人　　B.保险人　　C.被保险人　　D.受益人

3.在人身保险中，投保人可以对自己的（　　）进行投保。

A.健康　　B.刑事处分　　C.精神创伤　　D.政治迫害

4.下列当事人可以作为投保人的是（　　）。

A.非法人的合法组织　　B.未成年人

C.残疾人　　D.未经同意以他人人身投保的人

5.下列属于人身保险的保险利益的是（　　）。

A.财产上的现有利益　　B.由现有利益所产生的预期利益

C.责任利益　　D.债权人对债务人有保险利益

6.下列属于财产保险的保险利益的是（　　）。

A.本人对为本人管理财产或具有其他利益关系的人具有保险利益

B.有血缘关系的亲属

C.债权人对债务人有保险利益

D.由现有利益所产生的预期利益

7.保险金额是由保险合同的当事人确定，并在保单上载明的保险标的的金额，是保险事故发生时（　　）最高赔偿金额。

A.投保人　　B.保险人　　C.被保险人　　D.受益人

8.在下列保险合同的书面形式中，正式的保险合同是（　　）。

A.投保书　　B.暂保单　　C.保险单　　D.保险凭证

9.在保险事故发生后，投保人不仅应及时通知保险人，还应当采取各种必要的措施，进行积极的施救，以避免损失的扩大。投保人因此而支出的费用，应由（　　）承担。

A.投保人　　B.保险人　　C.被保险人　　D.受益人

10.保险标的的实际价值为50 000元，保险金额为40 000元，损失金额为30 000元，按比例赔偿方式计算，赔偿金额应是（　　）。

A.50 000元　　B.40 000元　　C.30 000元　　D.24 000元

11.财产价值为12 000元，保险金额为10 000元，损失金额为8 000元，按第一损失赔偿方式计算，赔偿金额是（　　）。

A.12 000元　　B.10 000元　　C.8 000元　　D.9 600元

12.投保人对承包的果园投保，约定收获50 000千克，实际收获30 000千克，按限额责任赔偿方式计算，保险公司应赔（　　）。

A.50 000千克　　B.30 000千克　　C.20 000千克　　D.10 000千克

二、多项选择题

1.保险合同的当事人包括（　　）。

A.投保人　　B.保险人　　C.被保险人

D.受益人　　E.保险代理人

2.投保人可以是（　　）。

A.公民　　B.法人　　C.其他合法组织

D.公益事业单位　　E.国家机关

3.在我国，保险中介人包括（　　）。

A.投保人　　B.保险经纪人　　C.被保险人

D.受益人　　E.保险代理人

4.保险代理人自己承担责任的情况有（　　）。

A.授权内代理　　B.无权代理　　C.越权代理

D.代理权终止后的代理　　E.代理权被追认的代理

5.下列选项中可以作为保险标的的有（　　）。

A.具有经济价值的事物体　　B.医疗责任

C.信用行为　　D.被保险人的生命

E.被保险人的健康劳动力

6.在人身保险中，投保人可以对自己的（　　）进行投保。

A.健康　　B.生存　　C.精神创伤

D.刑事处分　　E.政治迫害

7.下列属于财产保险的保险利益的有（　　）。

A.财产上的现有利益　　B.由现有利益所产生的预期利益

C.责任利益　　D.或然利益

E.债权人对债务人有保险利益

8.下列属于人身保险的保险利益的有（　　）。

A.本人　　B.有血缘关系的亲属

C.债权人对债务人有保险利益　　D.由现有利益所产生的预期利益

E.本人对为本人管理财产或具有其他利益关系的人具有保险利益

9.下列选项中，属于投保人义务的有（　　）。

A.赔偿损失　　B.缴纳保险费　　C.通知

D.避免损失扩大　　E.支付保险金额

三、判断题

1.保险通过对平均损失成本的计算来减少人们所面临的风险损失。（　　）

2.严格来说，保险并不能防止风险的发生，只是可以减轻被保险人对不确定性的担忧和经济负担。（　　）

3.没有保险代理人，保险合同就不能成立。（　　）

4.不论保险合同是为自己的利益还是为他人的利益而订立的，投保人均需承担缴纳保费的义务。（　　）

5.投保人对保险标的不具有保险利益，也可以申请订立保险合同。（　　）

6.在我国，保险代理人和保险经纪人的报酬都由保险公司支付。（　　）

7.保险标的涉及的范围很广，它既可以是有形的物或人，也可以是无形的利益、责任、信用等。（　　）

8.人身保险的保险利益既反映在经济损失上，也反映在非经济损失上。（　　）

9.进口商已签订购货合同，在收到货物之前，进口商不能将该货物作为标的与保险人签订保险合同。（　　）

10.正在正常营业的商店对预期的营业收入可以投保。（　　）

11.在合伙关系中，每一合伙人对其他任一合伙人的生命都具有保险利益。（　　）

12.雇主对雇员不具有保险利益。（　　）

13.如果投保人或被保险人对保险标的不具有保险利益，保险合同无效。（　　）

14.投保人用窃来的赃物投保家庭财产险，可以认为投保人对该财产具有保险利益。（　　）

15.投保人以违禁品投保海洋货物运输险的，该保险合同无效。（　　）

16.人身保险的利害关系只有反映在经济上才能称为保险利益。（　　）

四、问答题

1.如何理解保险的基本含义？

2.保险有哪些基本特征？

3.如何理解保险的融资性？

4.作为投保人，必须具备的条件有哪些？

5.保险利益的成立必须具备哪些条件？

6.简述保险合同的基本条款。

五、案例分析题

1.2018年5月31日，某市地下大口径水管第三次在250米长的路段内爆裂，造成大面积水灾，损失巨大，受灾单位和居民向太平洋财产保险公司提出索赔。在前两次水管爆裂酿成水灾时，太平洋财产保险公司对受灾的企业和家庭已做了通融赔付；对于第三次水管爆裂，太平洋财产保险公司认为如再通融，不仅不利于保险公司，而且不能解决矛盾，增强有关方面维护水管安全的工作责任心，因此决定拒赔。一时间，舆论大哗，一些报刊发表文章参与了讨论，焦点是第三次水管爆裂应不应该赔偿？应由谁赔偿？

水管爆裂索赔案的发生，社会上的观点概括起来有以下3种：

（1）应由太平洋财产保险公司赔，理由是水管爆裂酿成水灾类似洪水灾害，洪水灾害属保险责任范围，且前两次太平洋财产保险公司都赔了，这次也应通融赔付。

（2）太平洋财产保险公司要先赔后追，理由是水管爆裂对被保险人而言是意外事故，虽然这种意外事故是由有关方面的过错造成的，但太平洋财产保险公司还是应该赔付被保险人的损失，然后再向有关责任方追偿。

（3）受灾者自认倒霉，因为既不属保险责任范围，又无法向有关方面索赔。

问题：你的观点是什么？为什么？

2.2017年7月5日，某市居民陈某家失窃，盗窃分子盗走了其40寸海尔牌彩电一台，价值6 000余元。案发后3个月，陈某得到了太平洋财产保险公司的全额赔款。2018年4月8日，在该市公安局举办的被盗财物认领会上，陈某意外地发现了自己失窃的彩色电视机，经邻居及所在地区派出所出具证明，他又领回了这台彩电，但发现损坏了一个机件，经修理后恢复正常，修理费花去85元。彩电被盗复得后，陈某并未通知太平洋财产保险公司，当地群众向太平洋财产保险公司反映了这一情况。于是太平洋财产保险公司的工作人员来到陈家，决定收回彩电或让陈某退回赔款，但被陈某拒绝。

对本案的不同观点：

（1）彩色电视机是在保险有效期内被盗的，符合家庭财产保险附加盗窃险中的有关规定，陈某获得太平洋财产保险公司的赔款是正当的权益，不应该退回；现在陈某抱回的彩电是公安局破的案，领回失物与保险赔款风马牛不相及。因此，陈某可以不退回赔款，也不必交出彩电。

（2）太平洋财产保险公司在支付赔款时并未办理权益转让的手续，况且事隔9个多月，已不在保险有效期内，再追回赔款或收回彩电均是不恰当的。

（3）无论办理权益转让与否，也无论是否在保险有效期内，太平洋财产保险公司均有权追回赔款或者收回被盗复得的彩电。

问题：你认为上述三种观点中哪种观点基本正确？为什么？

第十九章　国际金融关系

【学习目的与要求】

通过本章的学习，应掌握国际金融关系的实质、国际储备资产、国际汇率制度和国际收支调节方式的确定等内容；学会分析国际交易结算所采用的货币制度，即关于国与国之间进行支付的一般规定、做法和制度。

【重点、难点解析】

一、国际储备资产

国际储备资产是指各国政府为了弥补国际收支赤字，保持汇率稳定，以及应付其他紧急支付的需要而持有的国际上普遍接受的各种流动资产的总称。作为国际储备资产，一般必须同时具备三个条件：一是一国金融当局必须具有无条件地获得这类资产的能力；二是该类资产必须具备高度的流动性；三是该类资产必须得到国际上的普遍接受。

二、国际储备资产的构成

1.外汇储备

外汇储备指一国货币当局持有的以国际货币表示的流动资产，主要采取国外银行存款和外国政府债券等形式。

2.黄金储备

黄金储备指一国货币当局持有的货币性黄金。在国际金本位体系下，黄金储备是国际储备的典型形式。

3.特别提款权

特别提款权是国际货币基金组织于1969年创设的一种账面资产，并按一定比例分配给会员国，用于会员国政府间的国际结算，并允许会员国用它换取可兑换货币进行国际支付。

4.国际货币基金组织的储备头寸

国际货币基金组织的储备头寸是指会员在国际货币基金组织的普通资金账户中可自由提取和使用的资产，又称普通提款权。

三、国际汇率制度

国际汇率制度是指各国普遍采用的确定本国货币与其他国家货币汇率的体系。国际汇率制度在汇率的确定、汇率的变动等方面都有具体规定，因此国际汇率制度对各国汇率的决定有重大影响。

1.金本位体系下的固定汇率制度

1880—1914年的35年间，主要西方国家通行金本位制，即各国在流通中使用具有一定成色和重量的金币作为货币，金币可以自由铸造、自由兑换及自由输出、输入。在金本位体系下，两国之间货币的汇率由它们各自的含金量之比——黄金平价来决定。例如，一个英镑的含金量为113.0015格林，而一个美元的含金量为23.22格林，则1英镑兑4.8666美元（113.0015÷23.22）。只要两国货币的含金量不变，两国货币的汇率就保持稳定。

2.布雷顿森林体系下的固定汇率制度

布雷顿森林体系下的固定汇率制度也可以说是以美元为中心的固定汇率制度。1944年7月，在第二次世界大战即将胜利的时候，第二次世界大战中的45个同盟国在美国新罕布什尔州（New Hampshire）的布雷顿森林村（Bretton Woods）召开了“联合和联盟国家国际货币金融会议”，通过了以美国财政部长助理怀特提出的“怀特计划”为基础的《国际货币基金协定》和《国际复兴开发银行协定》，总称《布雷顿森林协定》，布雷顿森林体系由此形成。1945年12月，布雷顿森林体系建立了两大国际金融机构——“国际货币基金组织”和“国际复兴开发银行”（又称“世界银行”），规定了各国必须遵守的国际汇率制度以及解决各国国际收支不平衡的措施，从而确定了以美元为中心的国际货币体系。

3.布雷顿森林体系下的浮动汇率制度

一般来说，全球金融体系自1973年3月以后，以美元为中心的固定汇率制度就不复存在了，而是被浮动汇率制度所代替。实行浮动汇率制度的国家大都是世界主要工业国，如美国、英国、德国、日本等，其他大多数国家和地区仍然实行盯住汇率制度，其货币大都盯住美元、日元、法国法郎等。

在实行浮动汇率制度后，各国原规定的货币法定含金量或与其他国家订立的纸币黄金平价，就不起任何作用了，因此，国际汇率体系趋向复杂化、市场化。由于新的汇率协议使各国在国际汇率制度的选择上具有很强的自由度，所以现在各国实行的国际汇率制度多种多样，有单独浮动、盯住浮动、弹性浮动、联合浮动等。

四、联系汇率制度

联系汇率制度又称货币局制度，是指在法律中明确规定本国货币与某一外国可兑换货币保持固定的交换率，并对本国货币的发行作特殊限制，以保证履行这一法定义务的汇率制度。货币局制度通常要求货币发行必须以一定的该外国货币作为准备金，并要求在货币流通中始终满足这一准备金的要求。我国香港地区实行的是联系汇率制度。

五、人民币汇率制度

1.自2005年7月21日起，我国开始实行以市场供求为基础、参考一揽子货币进行调节、有管理的浮动汇率制度。人民币汇率不再盯住单一美元，形成了更富弹性的人民币汇率机制。

2.中国人民银行于每个工作日闭市后公布当日银行间外汇市场美元等交易货币对人民币汇率的收盘价，作为下一个工作日该货币对人民币交易的中间价格。

3.2005年7月21日19时，美元对人民币交易价格调整为1美元兑8.11元人民币，作为次日银行间外汇市场上外汇指定银行之间交易的中间价，外汇指定银行可自此时起调整对客户的挂牌汇价。

4.现阶段，每日银行间外汇市场美元对人民币的交易价格仍在中国人民银行公布的美元交易中间价上下3‰的幅度内浮动，非美元货币对人民币的交易价格在中国人民银行公布的该货币交易中间价上下一定幅度内浮动。

六、国际收支调节方式

国际收支调节方式是指当国际收支出现失衡时，各国政府应采取何种措施加以调节，各国之间的政策措施如何协调。

1.依靠国际收支的自动调节作用

在国际金本位制度下，一国的国际收支是通过黄金的输出、输入而自动调节的。在纸币流通条件下，一国的国际收支已无法借助黄金的输出、输入来自动调节，国际收支自动调节的效果受到极大的削弱。

2.采取国际收支的调节手段

国际收支的调节手段包括支出转移政策和支出增减政策。支出转移政策是通过改变支出的流向，鼓励用于购买商品和劳务的支出由国外转向国内，最终改善国际收支的一种国际收支的调节手段。支出增减政策是通过增加或减少国民收入，以改变可用于购买商品和劳务的支出数量的一种国际收支的调节手段。

3.采取融资手段

在前两项对策不能有效调节国际收支时，可采取融资手段。它包括内部融资和外部融资两方面。

4.外汇缓冲政策

外汇缓冲政策是指一国运用官方储备的变动或临时向外筹借资金的方式来抵消超额外汇需求或供给。通过这一政策来融通一次性或季节性的国际收支赤字，是一种既简便又有益的做法。它能够使本币汇率免受暂时性失衡所造成的无谓波动，有利于本国对外贸易和投资的顺利进行。然而，一国官方储备规模毕竟是有限的，因此不能完全依靠这种资金融通的办法来弥补巨额的、长期的国际收支赤字，否则将导致外汇储备枯竭或外债大量累积，对解决赤字问题无济于事。当那些长期性国际收支赤字出现时，调整政策的实施是不可避免的。但在调整期间，适当地运用这一政策来作为辅助手段，放慢调整速度，就可以为调整创造宽松的环境，使国内经济避免因调整过猛带来难以承受的震动。

5.财政和货币政策

当一国出现国际收支赤字而需要进行调整时，当局可以实行紧缩性的财政政策和货币政策。在财政政策方面，可供采用的措施主要是减少财政支出和提高税率；在货币政策方面，当局可以调高再贴现率，提高法定存款准备金比率，或在公开市场卖出政府债券等。紧缩性的财政和货币政策可以通过三个渠道来影响国际收支：第一，通过乘数效应减少国民收入，由此使本国居民的商品和劳务支出下降。只要它能够减少本国的进口支出，就可以达到改善国际收支的目的。这一收入效应的作用大小显然取决于一国边际进口倾向的大小。第二，通过诱发国内生产的出口品和进口替代品的价格下降，提高本国贸易品部门在国际和国内市场上的竞争力，刺激国外居民将需求转向本国出口品，也刺激国内居民将需求从进口品转向进口替代品，从而获得增加出口、减少进口的效果。这一相对价格效应的大小取决于进出口供求弹性。第三，紧缩性货币政策还会通过本国利息率的上升，促使国外资金流入增加、本国资金流出减少，以改善资本账户收支。这一利率效应的大小取决于货币需求的利率弹性与国内外资产的替代性的高低。

6.汇率政策

汇率政策是指运用汇率的变动来消除国际收支赤字。一国通过汇率的贬值改善国际收支的效果，主要取决于以下几个方面：

(1）进出口需求弹性之和是否大于1。

(2）本国现有生产能力是否得到充分的利用。这是因为贬值后的需求转换还需要依靠本国贸易品（出口品和进口替代品）部门供给的增加来满足。

(3）贬值所带来的较高的本国贸易品与非贸易品（包括劳动）的相对价差是否能维持较长的一段时期。

在充分就业的条件下，贸易品供给的增加主要依靠将生产资源从非贸易品部门释放出来。汇率贬值所引起的国内物价上涨，是否能为社会所承受，也是汇率贬值政策实施时所要考虑的重要因素。一般来说，在经济处于满负荷运行状态的情况下，汇率贬值政策必须结合紧缩性政策来实施，否则将导致严重的通货膨胀，且不易收效。

7.直接管制

实行贬值政策与紧缩性的财政和货币政策来纠正国际收支的长期失衡，必须通过市场机制才能发挥作用，而且还需要经过一段较长的时间。对于结构性变动所引起的国际收支失衡，以上政策的实施也都难以收到良好的效果。因此，在出现国际收支赤字的情况下，许多发展中国家都对国际经济贸易采取直接干预的办法，即实行直接管制。

直接管制和汇率贬值同属支出转换政策，但前者属于选择性控制工具，而后者属于全面性控制工具。其实施通常能迅速改善国际收支。直接管制措施的特点是比较灵活，各国可以对维持生产和生活水平所必需的中间产品和消费品进口、扩大生产能力所需的资本品（机器设备等）进口不实行限制，或者限制程度轻一些，而对奢侈品进口则严加控制，同时在出口方面可以重点奖励重要的或非传统的产品生产和出口。因此，适当运用直接管制措施，可以在纠正国际收支赤字的同时不影响整个经济局势。但是，采用这种调整政策来维持国际收支平衡，仅仅是变显性赤字为隐性赤字。一旦中止运用该政策，除非经济结构相应得到改善，否则国际收支赤字仍然会重新出现，因此许多国家采用直接管制措施，主要是用以配合产业政策的实施。再者，直接管制还容易引起贸易伙伴国的报复。如果对方国家也实行相应的报复性措施，往往导致国与国之间的“贸易战”，使原先实行直接管制措施的国家前功尽弃。另外，实行直接管制，也容易造成本国产品的生产效率低下，对外竞争力一蹶不振，导致官僚作风和贿赂风气的兴起。因此，西方国家对运用这项措施一般采取比较谨慎的态度。

一、单项选择题

1.在国际金本位制度下，（　　）是国际储备的典型形式。

A.外汇储备　　B.黄金储备

C.美元储备　　D.基金储备

2.特别提款权是国际货币基金于（　　）年创设的一种账面资产。

A.1968　　B.1966　　C.1967　　D.1969

3.（　　）是指各国普遍采用的确定本国货币与其他国家货币汇率的体系。

A.国际汇率制度　　B.联系汇率制度

C.浮动汇率制度　　D.固定汇率制度

4.自2005年7月21日起，我国开始实行以市场供求为基础、参考一揽子货币进行调节、有管理的（　　）。

A.国际汇率制度　　B.联系汇率制度

C.浮动汇率制度　　D.固定汇率制度

5.（　　）实行的是联系汇率制度。

A.美国　　B.英国　　C.新加坡　　D.中国香港

6.人民币汇率不再盯住单一（　　），形成更富弹性的人民币汇率机制。

A.欧元　　B.美元　　C.日元　　D.加拿大元

7.在国际金本位制度下，一国的国际收支是通过（　　）的输出、输入来自动调节的。

A.美元　　B.黄金　　C.汇率　　D.税收

8.实行（　　）的国家大都是世界主要工业国。

A.浮动汇率制度　　B.固定汇率制度　　C.外汇储备　　D.黄金储备

9.大多数国家和地区仍然实行盯住的（　　）。

A.国际汇率制度　　B.固定汇率制度

C.浮动汇率制度　　D.联系汇率制度

10.（　　）是指运用汇率的变动来消除国际收支赤字。

A.货币政策　　B.财政政策　　C.汇率政策　　D.转移政策

二、多项选择题

1.调节国际收支时，可采取的融资手段包括（　　）。

A.内部融资　　B.长期融资　　C.短期融资

D.经营融资　　E.外部融资

2.国际收支的调节手段包括（　　）。

A.收入支出政策　　B.支出转移政策　　C.支出增减政策

D.国民收入政策　　E.国民支出政策

3.国际收支失衡的主要表现为（　　）。

A.结构性失衡　　B.周期性失衡　　C.收入性失衡

D.币值性失衡　　　　E.政策性失衡

4.国际收支失衡是指国际收支出现不同程度的（　　）。

A.顺差　　　　B.减少　　　　C.增加

D.逆差　　　　E.差额

5.一国政府在国际储备资产总量管理中主要考虑的问题有（　　）。

A.持有的国际储备并非越多越好

B.持有的国际储备量过少也会使该国蒙受损失

C.如何确定适度的国际储备量

D.采取何种措施使国际储备达到适度水平

E.国际储备不足的客观指标是储备头寸

三、判断题

1.国际货币基金组织判断一国国际储备不足的客观指标是储备头寸。（　　）

2.国际储备资产的作用就是保持持续的高利率政策。（　　）

3.我国外汇储备的币种结构管理的原则之一是根据对外支付的需要确定该货币在储备货币中的比重。（　　）

4.国际货币基金组织判断一国国际储备不足的标准是把减少储备作为首要的经济目标。（　　）

5.在实行浮动汇率制后，各国原规定的货币法定含金量或与其他国家订立的纸币黄金平价，就不起任何作用了。（　　）

6.当一国物价普遍上涨或通胀严重时，产品出口成本下降，产品的国际竞争力提高。（　　）

7.当一国出现国际收支赤字而需要进行调整时，当局可以实行紧缩性的财政和货币政策。（　　）

8.直接管制和汇率贬值同属支出增减政策。（　　）

9.汇率政策是指运用汇率的变动来消除国际收支赤字。（　　）

10.国际储备主要来源于贸易顺差和直接投资项目顺差。（　　）

四、问答题

1.一个国家通过汇率的贬值改善国际收支的效果，一般取决于哪几个方面？

2.国际收支失衡的主要表现有哪些？

3.国际储备资产的构成要素有哪些？

4.国际货币基金组织判断一国国际储备不足的客观指标有哪些？

五、案例分析题

我国启动IMF金融部门评估规划

2008年2月，温家宝总理在会见IMF总裁卡恩时宣布我国将参加FSAP评估；2008年11月，胡锦涛主席在G20华盛顿峰会上承诺我国将进行FSAP评估。经与IMF、世界银行协商，我国于2009年8月已正式启动FSAP评估。

在总结亚洲金融危机教训的基础上，IMF和世界银行于1999年5月联合推出了FSAP评估，旨在加强对IMF成员国（含地区，下同）金融脆弱性的评估与监测，降低金融危机发生的可能性，同时推动成员国的金融改革和发展。IMF和世界银行首先在12个国家中进行了FSAP评估试点，自2001年3月起向成员国推广这一项目。经过多年的发展和完善，FSAP评估已成为国际社会广泛接受的金融稳定评估框架。截至2009年年末，已有125个国家完成了首次FSAP评估。评估人员以IMF和世界银行的工作人员为主，并视具体情况邀请外部专家参加。IMF关注的焦点是金融体系的稳定性和脆弱性，世界银行关注的焦点是金融部门发展。

2011年6月9日，国际货币基金组织代理总裁约翰·利普斯基在北京表示，预计2011年和2012年中国经济将增长9.5%左右。中国通胀将很快见顶，预计在2011年年底前下降到4%左右。人民币升值将是中国一揽子综合改革的关键因素，完全符合中国的利益，并有助于实现“十二五规划”所确定的目标。约翰·利普斯基还介绍，根据IMF金融部门评估规划工作的建议，中国金融部门的改革至关重要。成功的金融部门改革和开放将提高家庭收入、减少企业和居民储蓄、提高投资效率，并减轻资产泡沫风险。IMF代表团认为，改革的路线图应包括加强货币政策框架、改善监管和金融稳定框架、发展金融市场、放开贷款和存款利率，并最终放开资本账户，让人民币成为完全可自由兑换的货币。

问题：中国启动IMF金融部门评估规划的意义是什么？

各章习题参考答案

第一章

一、单项选择题

1.D	2.A	3.A	4.C
5.C	6.C		

二、多项选择题

1.AC	2.ABD	3.ABCDE	4.ACD
5.ACDE	6.AB		

三、判断题

1.√	2.√	3.×	4.×

四、简答题

1.公共产品具有两个基本特征，这也是公共产品与私人产品的本质区别：一是非竞争性；二是非排他性。非竞争性是指一个人消费公共产品不影响他人消费，人们的消费没有竞争；而非排他性是指无法把没付钱的人排除在外。

2.我国建立公共财政框架的必要性：首先，这是我国社会主义市场经济发展的客观需要。在市场经济条件下，政府的作用重在弥补市场失灵和市场不能高效率发挥作用的缺陷，而不是取代市场。我国要发展社会主义市场经济，就必须构建与之相适应的财政模式——公共财政。

其次，这是我国财政职能转变的需要。传统的财政理论把财政职能归纳为分配职能、调节职能和监督职能，对财政职能的这种概括是与我国传统的计划经济实践相吻合的。随着我国财政从生产建设型财政向公共财政转变，我国的财政职能必须加以调整。

最后，这是构建和谐社会的需要。构建和谐社会要求财政管理科学化、民主化、法制化。公共财政的特点就是科学理财、民主理财、依法理财。只有实行公共财政，坚持依法治财和依法理财，才能为构建和谐社会营造一个良好的经济基础。

3.财政的资源配置职能就是将一部分社会资源集中起来，形成财政收入，然后通过财政支出分配活动，由政府提供公共产品或服务，引导社会资金的流向，弥补市场的缺陷，最终实现全社会资源配置效率的最优状态。财政的资源配置职能的主要内容包括：①调节资源在公共需要之间的配置。在社会主义市场经济条件下，我国财政资源配置的内容主要包括：保证政府机关正常运转所需要的物品和劳务等资源的配置；对社会各项公共事业的发展所需资源的配置；为保证市场主体的正当利益、维护市场经济秩序，对不同地区、部门、企业、居民的贫富悬殊状况进行的资源配置；为弥补市场缺陷、调节社会总需求、防止经济波动、保证经济稳定增长进行的资源配置；对基础设施、基础产业、高科技产业、国家重点建设项目进行的资源配置等。②调节资源在地区之间的配置。③调节资源在产业部门之间的配置。④调节资源在政府部门与非政府部门之间的配置。

4.财政的收入分配职能是指政府运用税收、财政补贴及转移支付等手段来调节微观经济主体的收入差距，以达到分配公平的目标。在政府对收入分配不加干预的情况下，一般会以个人财产的多少和对生产所做的贡献大小等为标准，将社会财富在社会各成员之间进行初次分配。这种分配可能是极不公平的，而市场对此无能为力，只有依靠政府的力量，才会对这种不公平的现象加以调整和改变。财政的收入分配职能的主要内容是：通过调节企业的收入水平即利润水平和居民个人收入水平，实现收入与财产的公平分配。调节企业利润水平，主要在于通过调节，使企业的利润水平能够比较客观地反映企业的生产经营管理和主观努力状况，从而使企业在大致相同的条件下获得大致相同的利润。调节居民个人收入水平，是在坚持以按劳分配为主体、多种分配方式并存的制度，坚持效率优先、兼顾公平的前提下，贯彻执行现行收入分配政策，既要合理拉开收入差距，又要防止两极分化，逐步实现共同富裕。这主要通过两个方面来进行调节：一是通过征收个人所得税、遗产税和赠与税等调节个人收入的差距和个人财产的分布状况；二是通过转移性支出，如社会保障支出、救济支出、财政补贴等，维持居民最低生活水平和福利水平。

5.财政的经济稳定职能是指通过财政分配实现经济稳定的目标，即充分就业、物价稳定、国际收支平衡、合理的经济增长率。财政的经济稳定职能的主要内容包括：①通过扩张或紧缩的财政政策，调节社会总供求平衡。当社会总需求大于社会总供给时，可以通过实行国家预算收入大于支出的财政结余政策来抑制社会总需求，平衡供需关系；当社会总供给大于社会总需求时，则可以通过实行国家预算支出大于收入的财政赤字政策来进行调节；当社会总供给与总需求大体平衡时，国家预算应实行收支平衡的中性政策与之相配合。②通过财政的制度建设，发挥财政的“内在稳定器”的作用。在财政收入方面，累进型所得税税制的“内在稳定器”作用尤为明显。当经济过热，出现通货膨胀时，社会各方的收入普遍增加，因而适用较高的税率，税收额也明显增加，从而可以对经济的升温起抑制作用；相反，当经济萧条时，社会各方的收入普遍下降，因而适用较低的税率，税收额明显减少，从而对经济复苏和发展起刺激作用。从财政支出方面来看，“内在稳定器”的作用主要体现在转移性支出方面。

五、案例分析题

要点：(1) 食品安全属于公共产品，理应由政府提供，政府应该伸出干预之手维护老百姓的切身利益。政府要加快职能转变，财政资金应主要用于履行政府的经济调节、市场监管、社会管理、公共服务职能。

(2) 建立公共财政体系的目标要求公共财政的资金应更多地用于办事，办众人之事，而不是用于养人。政府应该下决心裁减政府部门的庸人，把钱转向公共服务。

(3) 鉴定费用不应由居民负担，而应由政府负担。居民缴纳税收后，应当享受到公共服务。

第二章

一、单项选择题

1.B　　2.A　　3.C　　4.A

二、多项选择题

1.BDE　　2.CDE　　3.ABCE　　4.AB
5.ABC　　6.ABE

三、判断题

1.√　　2.√　　3.√　　4.×
5.√　　6.√　　7.√　　8.×
9.√　　10.√　　11.√　　12.×

四、简答题

1.（1）分类的依据。划分购买性支出和转移性支出的依据是财政支出是否与商品和劳务相交换。购买性支出是指政府在商品和劳务市场上购买商品和劳务的支出，包括购买开展日常政务活动所需要的或用于进行国家投资所需要的商品和劳务的支出，前者如政府各部门的事业费，后者如政府各部门的投资拨款。转移性支出是指政府不获得直接经济利益补偿的单方面支出，这类支出主要有社会保障支出、各种财政补贴、捐赠支出和对外援助支出等。其不存在任何交换问题，是政府的非市场性再分配活动。

（2）分类的经济意义。将全部财政支出划分为购买性支出和转移性支出，具有较强的经济分析意义，故为许多发达国家和发展中国家所采用。因为在市场经济条件下，政府的购买性支出是在市场上将政府掌握的资金与微观经济主体提供的商品和劳务相交换，因而对社会的生产和就业有着直接而重要的影响。而政府的转移性支出是资金使用权的转移，即从政府转移到领受者（受益者）手中，尽管它对财力分配会产生直接影响，却只能对生产和就业产生间接影响。

由此可见，在财政支出总额中，如果购买性支出比重较大，财政活动对生产和就业的影响相应较大，直接通过财政所配置资源的规模也就相应较大；反之，如果转移性支出所占比重较大，财政活动对社会收入分配的直接影响就大。前一种财政支出结构模式使财政具有较强的配置资源功能，后一种财政支出结构模式使财政具有较强的收入分配功能。

2.坚持支出总量适度原则，是我国长期以来所实行的“收支平衡，略有节余”的财政工作方针的具体体现。具体来说，坚持财政支出总量适度原则，必须注意以下三个方面的问题：

（1）坚持量入为出的理财思想。量入为出是指财政在安排支出时，其规模应限制在财政所允许的组织收入规模的限度内，财政支出总量不能超过收入总量。

（2）以满足社会公共需要为目标。财政支出的根本目的是满足社会公共需要。这实际上是实现国家基本职能的需要，是财政支出满足的最低需要，是财政支出必须保证的项目。

（3）以实现经济稳定运行为调控目标。财政支出除了要实现满足社会公共需要这一最低需要外，还要满足经济建设支出的需要，它属于第二层次的需要，目的是促进社会经济的稳定增长，以更好地达到提高人民生活、消费水平的目的。

3.讲究支出效益，是财政支出的核心问题。从经济学的一般意义上讲，效益就是人们在有目的的实践活动中“所费”与“所得”的对比关系。所费，就是活劳动和物化劳动的消耗和占用；所得，就是有目的的实践活动所取得的有用成果。所谓提高财政支出的效益，对生产性支出来说，就是要求尽可能地降低成本，取得盈利，即少投入、多产出；对非生产性支出来说，就是要少花钱、多办事、办好事。财政支出是国家为城乡居民提供公共产品的财力保证，因此必须用好每一分钱，厉行节约，讲求效益。2002年以来，财政部开始在部分财政支出项目上开展财政支出绩效评价试点工作。

开展财政支出绩效评价是财政管理发展到一定阶段，进一步加强公共支出管理、提高财政资金有效性的客观选择。它不仅是财政管理方法上的一种创新，而且是财政管理理念的一次革命。绩效评价将财政资金的管理建立在可衡量的绩效基础上，强调的是“结果导向”，或者说强调的是责任和效率，增强了财政资源分配与使用部门绩效之间的联系，有助于提高财政支出的有效性。对政府部门来说，公众对政府机构提供公共服务的质量与成本的关注，有助于促进政府决策程序规范化和民主化。开展财政支出绩效评价的意义是：有利于规范财政资金支出管理，有利于加强对财政部门权力的约束，有利于增强资金使用部门的责任感。它使资金使用部门从花大量时间、精力争项目、争资金转向切实关注项目的可行性和如何用好资金。

4.财政支出绩效评价的基本依据是：①有关法律、行政法规及规章制度；②财政部门、主管部门和单位制定的绩效评价工作规范；③财政部门制定的专项资金管理办法；④主管部门和单位的职能、职责及绩效目标、年度工作计划与中长期发展规划；⑤主管部门和单位预算申报的相关材料与财政部门的预算批复；⑥主管部门和单位的项目预算申报论证材料与项目验收报告；⑦主管部门和单位预算执行的年度决算报告与年度审计报告；⑧其他相关资料。

绩效评价的方法主要有：目标比较法、成本效益法、因素分析法、历史比较法、横向比较法、专家评议法、问卷调查法、询问查证法。

五、案例分析题

要点：财政支出需兼顾公平与效率。实行全民免费医疗能够最大限度地促进社会公平，对减轻低收入家庭的经济负担有很大作用。从公共产品的理论来分析，医疗服务不完全是公共产品，个人也应当负担一部分费用，这样做可以避免出现“搭便车”的现象，提高医疗服务效率。如果把所有医疗服务都作为公共产品来提供，作为政府提供公共产品手段的财政将难以承受，政府应根据财政实力来考虑财政的支持力度。

医疗保险是指对参保的劳动者在其患病期间按一定标准支付医疗费用和提供相应的医疗服务，参保劳动者的直系亲属也可享受一定的医疗补助。过去，医疗费由国家、企业包揽，导致药品浪费严重，给财政带来了沉重包袱。因此，应该让个人负担一部分医药费用，并加强管理，避免由道德风险引发的资金浪费现象的发生。

如果部分地区财政实力较强，可以将财政资金优先用于医疗等与民生密切相关的公共事业，但应量力而行，勉强推行的话，必然使财政陷入入不敷出的尴尬局面。

第三章

一、单项选择题

1.C	2.C	3.D	4.A
5.C			

二、多项选择题

1.ABCD	2.ABE	3.CD	4.AE
5.ABCD	6.ABD	7.ACDE	8.ABC

三、判断题

1.×	2.√	3.√	4.×
5.√	6.√	7.×	8.√

四、问答题

1.行政管理作为国家的一项基本职能，行政管理支出当然会成为财政支出的一项主要内容，各国政府都非常注意压缩支出规模，推动廉政建设的深入进行。作为控制行政管理经费过快增长的重要措施，实施机构改革，精兵简政，提倡厉行节约，也就成了政府的重要导向。造成行政管理经费增长较快的原因是多方面的，如经济总体增长水平、财政收支规模、政府职能、机构设置、行政效率以及行政管理经费本身的使用效率等。因此，随着经济体制改革的不断深化，客观上要求加快政治体制改革与之相适应，确保在市场经济体制下政府职能的合理转变，精简机构，压缩党政人员的编制，加强对行政管理经费的管理和约束，提高行政管理经费的使用效率，使行政管理经费在财政支出和GDP中的比重趋于合理化。另外，行政管理经费应向公用经费倾斜。从目前我国推行部门预算的实际情况来看，各部门在编制预算时，公用经费缺乏明确的界限，预算约束不力，不仅人员、车辆、会议、通信费用增幅过大，而且还掺杂某些变相的私人消费，如公费旅游、公款接待等不良现象屡禁不止。从压缩行政管理经费的规模和确保政府机构正常运转的角度来看，有必要规范公用经费的界限，并加大对公用经费的项目安排和使用效率的监督和管理。

2.坚持公共教育资源向农村、中西部地区、贫困地区、边疆地区、民族地区倾斜，逐步缩小城乡、区域教育发展差距，推动公共教育协调发展。明确各级政府提供教育公共服务的职责，保证财政性教育经费增长幅度明显高于财政经常性收入增长幅度，逐步使财政性教育经费占国内生产总值的比重达到4%。目前，我国已经建立起系统、科学、公平、有效的家庭经济困难学生资助政策体系，从制度上基本解决了家庭经济困难学生上不起学的问题，有效促进了教育公平。当前，财政还要突出政策导向，资助重点向中西部地区倾斜、向农村地区倾斜、向职业教育倾斜、向国家最需要的专业倾斜，促进教育结构的调整和优化，培养社会需要的多元化合格劳动者，引导和促进就业，避免“千军万马走独木桥”。

3.政府投资具有下列特点：

（1）公益性。政府投资追求社会效益的最大化，而不以经济效益为目标。

（2）无偿性。政府投资的使用一般是无偿的，无法通过计价收费的方式来补偿或是只能得到部分补偿。

（3）政策性。政府投资应符合国家产业政策，保证社会投资活动的正常顺利进行。

4.现代社会保障制度是一个内容丰富的庞大体系。目前，我国的社会保障体系包括社会保险、社会救济、社会福利、社会优抚安置和国有企业下岗职工基本生活保障与再就业等方面。其中，社会保险是最基本的社会保障项目，是现代社会保障制度的核心内容，也是覆盖面最广的。社会保险主要包括养老保险、失业保险、医疗保险、工伤保险和生育保险等项目。

5.我国的财政补贴是根据国家预算管理要求进行划分的，目前主要包括价格补贴、企业亏损补贴、财政贴息等几个方面的内容。价格补贴是国家财政在商品购销价格倒挂的情况下，对工商企业支付的补贴，或在购销价格顺挂的情况下对消费者支付的提价补贴。企业亏损补贴主要是指国家为了使国有企业能够按照国家计划生产、经营一些社会需要但由于客观原因生产、经营将出现亏损的产品而向这些企业拨付的财政补贴。财政贴息是指为了国家宏观调控的需要，财政对使用某些规定用途的银行贷款的企业，就其支付的贷款利息提供的一种补贴。

五、案例分析题

1.要点：农业是弱势产业，需要财政扶持。尽管近年来财政对农业的投入不少，但农民从农业中得到的收益仍然比不上其他产业，农民和消费者受益不多，除了农业本身效益相对比较低的原因外，由于种子、化肥、农药、农膜等农业生产资料的价格在上涨，农产品成本提高，以及从农民出售农产品到消费者手中经过很多环节，运输、保鲜、仓储等环节的费用也比较高，所以消费者感觉农产品价格高。其背景是我国工业化发展加快，农业的产业化、规模化、信息化水平仍然较低。解决办法是控制农业生产成本，引导农业规模经营，搞好产供销衔接，降低中间环节的费用。

2.要点：教育布局调整应当考虑当地居民的意见，不能简单地只考虑教学成本。财政支出应遵循兼顾效率与公平的原则，同时讲求社会效益。在教育领域，财政资金既要提供更多的教育服务，又要促进教育公平，保障边远地区困难群体的受教育权利。中小学布局调整不能简单地考虑学校规模的扩大，还要关注少数山区、边远地区适龄儿童的特殊需要，为他们排忧解难，缩小城乡教育差距，帮助困难家庭的孩子健康成长，这是政府的神圣责任。

第四章

一、单项选择题

1.A	2.C	3.C	4.C
5.B			

二、多项选择题

1.ACDE	2.CE	3.ABCDE

三、判断题

1.×　　2.×　　3.×　　4.√

5.√　　6.√

四、问答题

1.财政收入的形式是指国家取得财政收入所使用的具体方式或方法，主要包括税收、国有企业利润上缴、公债、公共收费等。其中：①税收是国家取得财政收入的最直接的方式，目前我国财政收入有90%以上来自税收；②国有企业利润上缴是政府依据财产所有权从国有企业利润中收取的国有资产收益；③公债是国家通过借贷方式从国内外取得的有偿收入；④公共收费是政府公共部门在向单位和个人提供各项服务时，向服务对象收取的费用。

2.增加财政收入的正确途径有：①发展经济，培育财源。财源建设作为财源开发与财源培植活动的概括反映，是拓宽财源渠道、扩大财政收入规模的内在要求，是提高财政收入占国内生产总值比重的前提条件。要逐步缓解财政资金的供求矛盾、实现财政状况的根本好转和财政经济的良性循环，就必须加大力度，加快财源建设的步伐。②加强管理，堵塞漏洞。加强财政收入管理要做好以下工作：一是建立健全管理制度，提高收入管理的规范性；二是提高人员素质；三是推动财政工作信息化和财政管理现代化。③提高财政收入质量。从成熟市场经济国家的情况来看，这些国家一般都将税收作为财政收入的主要来源。但我国有一些地区非税收入的比重较高，有的城市非税收入占财政收入的一半以上，这是财政收入质量不高的表现。分析其原因，是由于某些地方政府财政收入征收秩序不规范，把乱摊派、乱收费、乱罚款当作增加本地财政收入的一项有力措施。④重视对乱收费行为的治理。治理乱收费的对策包括：转变政府职能；加强预算管理；完善法制，依法收费；清理收费项目。

3.目前，我国财政收入来自价值v的部分主要包括：一是直接向个人征收的税收（如个人所得税）；二是直接向个人收取的规费、社会保障费和罚没收入；三是国家出售高税率的消费品（如烟、酒、高档化妆品等）所获得的一部分收入；四是服务性行业和文化娱乐业等企事业单位上缴的税收和利润；五是居民购买的国债。

五、案例分析题

要点：（1）一般来说，税收是政府取得财政收入的主要形式，非税收入的比重应严格控制。

（2）增加财政收入的正确途径有：发展经济、培育财源；加强管理，堵塞漏洞；提高财政收入质量；重视对乱收费行为的治理。地方政府不应通过收费、摊派、罚款等方式增加财政收入，更不应巧立名目增加企业和群众的负担，扰乱财政收入的征收秩序。

（3）通过收费等形式调节生产和消费行为，必须遵循公开、公平、合法、适度的原则，按规定报批收费项目，通过听证会、公示等方式提高透明度，自觉接受群众和舆论的监督。

（4）收费收入应纳入政府预算管理，报经人大审批，并及时向社会公布，使用也要按公共财政的原则进行，真正惠及广大群众。

第五章

一、单项选择题

1.B	2.D	3.A	4.C
5.B	6.C	7.A	

二、多项选择题

1.ABCDE	2.BCD	3.ABCDE	4.CD
5.ADE	6.BC	7.ABC	

三、判断题

1.×	2.×	3.√	4.×
5.√	6.√	7.√	8.√

四、简答题

1.税收制度的构成要素包括纳税人、课税对象、税目、税率、纳税环节、纳税期限、附加税、减免税、税收加成和附加、起征点和免征额、违章处理等。

2.1994年的税制改革放弃了原有那种以“外延式”调整为主的旧思路。其基本内容可以概括为：按照公正、透明、效率优先的原则，调整了流转税制，建立了以增值税为主、消费税与营业税为辅的流转税调节体系，为市场机制的运行创造了良好的税收环境；归并和统一了所得税制；开征土地增值税，以适应房地产业的发展；改革税收征管体制，实行中央税和地方税分开征收、两条线垂直管理的体制。经过这次改革，我国初步完成了从计划经济税收体制向市场经济税收体制的转变，使税收体制步入了法制化的轨道，从而促进了财政收入的稳定增长。

3.为了探索建立规范的农村税费制度、从根本上减轻农民负担，2000年3月2日，中共中央、国务院发布了《关于进行农村税费改革试点工作的通知》，决定开展农村税费改革试点工作。农村税费改革试点工作的主要内容是：取消乡统筹费、农村教育集资等专门面向农民征收的行政事业性收费和政府性基金、集资；取消屠宰税；取消统一规定的劳动积累工和义务工；调整农业税和农业特产税政策；改革村提留征收使用办法。

自2006年起，我国取消了农业税，延续了2 600多年的农业税在中国画上了句号。被称为德政之举的这项改革，充分体现了我国政府对广大农民的关爱、对农村繁荣的关心、对农业发展的关注，是解决“三农”问题的重大战略性举措。取消农业税，完善和规范了国家与农民的利益关系，可以更好地维护9亿农民的根本利益，促进城乡居民共同富裕，实现更大范围、更高水平的小康。取消农业税，不仅能降低农业生产经营成本，提高农业效益和农产品市场竞争力，而且能够调动种粮农民的积极性，增强粮食综合生产能力，维护国家粮食安全；同时，也把农业、农村发展纳入整个现代化进程，让亿万农民共享现代化成果。取消农业税，增加农民收入，使亿万农民的潜在购买意愿转化为巨大的现实消费需求，将进一步提高农民的消费水平，从而拉动整个经济的持续增长，盘活国民经济全局。全面取消农业税，实行工业反哺农业，城市支持农村和多予、少取、放活的方针，加大各级政府对农业和农村投入的力度，让公共财政的阳光更大范围地覆盖农村，能够充分调动广大农民的积极性，保证社会主义新农村建设始终有力、有序、有效地推进。

4.所得税的特点主要有：①课税公平。它以纳税人的所得（收益）额为课税对象，所得多的多征，所得少的少征，无所得的不征，体现了量能负担、税负公平的原则。②它一般采用累进税率。③它一般就全年所得额征税，采用按期（月或季）预征、年终汇算清缴的办法。

五、案例分析题

1.要点：(1）所包含的财政意义。政府在征税时应遵循两个原则，即公平原则和效率原则。税收的公平是指国家征税要使纳税人承担的税负与其经济状况相适应，并且各个纳税人之间的税收负担水平应当均衡。它具体有两个方面的含义：一是横向公平，即纳税能力相同的人同等纳税；二是纵向公平，即纳税能力不同的人不同等纳税，收入多的人多纳税，收入少的人少纳税甚至不纳税。效率原则是指以尽量小的税收成本取得尽量大的税收收益。其要求行政费用和纳税费用尽可能少，给纳税人提供尽可能多的方便。

(2）启示。要使各税种成为税负轻微、税源畅旺、手续简便、成本低廉的“良税”。具体而言，就是一个税种应当有下列特点：一是税源要可观，收入应基本能弥补财政缺口；二是不应使纳税人的负担过重，以致影响经济的发展；三是要保证不会导致经济状况进一步恶化；四是手续简便易行，税收成本低廉。

2.要点：房产税的改革存在很大争议，其中对非经营性居民住宅征收房产税能不能抑制房价的上涨有不同意见。这需要对房价上涨的原因进行全面的分析，房价上涨有开发成本提高、地方政府依赖土地出让金收入、需求旺盛、炒房等多方面原因，而对非经营性居民住宅征收房产税可能仅对抑制炒房有一定的作用。所以，仅靠房产税的改革来抑制房价的上涨是不现实的。从上海市、重庆市的改革试点情况看，效果也不明显。

第六章

一、单项选择题

1.B　2.C　3.A　4.C

5.A

二、多项选择题

1.BCE　2.AD　3.CD　4.ABCD

5.BCD

三、判断题

1.×　2.√　3.√　4.×

5.×

四、简答题

1.公债产生的原因及其发展条件主要有：

(1）财政上的需要。公债最初是为弥补财政赤字而产生的，财政赤字是公债产生的最初和直接的原因。

（2）社会闲散资金的存在，是公债产生和发展的必要前提。

（3）证券市场的建立，保证了证券的流通性，为公债的发行提供了便利条件。

（4）信用制度的稳固，是公债得以产生和发展的必要条件。

（5）政府调控宏观经济运行的需要。

2.发行公债是一种以信贷形式筹措财政资金的办法，国家不仅要到期还本，还要按时付给利息。利息率的高低是债券发行要考虑的一个重要问题。一般情况下，长期公债的利息率高于短期公债的利息率，中期公债的利息率介于两者之间。公债利息率的上限是社会平均利润率，如果公债利息率超过社会平均利润率，则意味着公债的发行成本可能超过公债的投资收益，产生亏损。公债利息率的下限是保证公债能够在金融市场上推销出去的利息率。

3.首先，应考虑整个国民经济的承受能力。举借公债实质上是一种社会再分配，它直接或间接地取走了可用于社会再生产的资金。如果举债过多，将影响正常的分配与再分配，给经济和社会的发展造成危害。其次，应考虑公债购买者的承受能力。我国公债的购买者主要是个人、企事业单位以及各类金融机构，它们各自的承受能力是确定公债合理规模的重要依据。

五、案例分析题

要点：一方面，地方政府公共投资需要大量资金，理论上可以通过举债筹集；另一方面，地方政府已经通过各种方式违规举借债务，债务风险日趋严重。通过开正门，允许地方政府适度举债，有利于为地方政府打开正规的融资渠道，控制其债务风险；有助于加强对地方政府举债行为的监督；有利于增强商业银行资产的流动性和选择性。

由于地方政府原来所形成的债务利率相对较高，期限相对较短，而且不合法，通过发行置换债券，可以降低利率，节约利息支出，延长还款期限，并且使其合法化，有利于降低债务风险。

第七章

一、单项选择题

1.A	2.C	3.A	4.D
5.A	6.A	7.C	8.C
9.A	10.C	11.A	

二、多项选择题

1.ABCD	2.BCD	3.BC	4.BDE
5.AE	6.ABDE		

三、判断题

1.×	2.×	3.×	4.√
5.√			

四、问答题

1.建立政府采购制度是市场经济体制的内在要求，是提高财政资金使用效益的需要，是改革财政支出方式的需要，是防止产生腐败的制度性措施，是实现与国际接轨的需要。

2.部门预算相对于传统的功能预算而言，发生了如下变化：扩大了预算的编制范围，有利于提高预算的综合性；一个部门一个预算；克服了代编预算的方式，提高了准确性；建立了新预算管理机制；调整了预算批复的主体；有利于及时批复预算。

3.分税制改革的基本内容是：①中央与地方事权和支出的划分。中央预算主要承担国家安全、外交和中央国家机关运转所需的支出，调整社会经济结构、协调地区经济发展的政策支出以及由中央直接管理的事业发展支出；地方预算主要承担本地区政权机关运转所需的支出，以及本地区经济、事业发展所需的支出。②根据中央和地方的事权划分情况，按照财权与事权相统一的原则，将税种划分为中央收入、地方收入和中央地方共享收入。将有利于国家权益、实施宏观调控所必需的税种划分为中央固定收入，将适合于地方征管的税种划分为地方固定收入，将同经济发展直接相关的主要税种划分为中央与地方共享收入。③建立中央对地方的税收返还制度。税收返还额以1993年为基期核定。按照1993年地方实际收入以及税制改革后中央与地方收入的划分情况，核定1993年中央从地方净上划的收入数额（即消费税+75%的增值税-中央下划收入），并以此作为中央对地方的税收返还基数，以保证1993年地方既得利益。

4.财政国库管理制度改革的指导思想是：按照社会主义市场经济体制下公共财政的发展要求，借鉴国际通行的做法和成功经验，结合我国的具体国情，建立和完善以国库单一账户体系为基础、资金缴拨以国库集中收付为主要形式的财政国库管理制度，进一步加强财政监督，提高资金使用效益，更好地发挥财政在宏观调控中的作用。财政国库管理制度改革的主要内容是：按照财政国库管理制度的基本发展要求，建立国库单一账户体系，所有财政资金都纳入国库单一账户体系管理，收入直接缴入国库或财政专户，支出通过国库单一账户体系支付给商品和劳务供应者或用款单位。国库单一账户体系包括：财政部门在中国人民银行开设的国库单一账户、按资金使用性质在商业银行开设的零余额账户、在商业银行为预算单位开设的零余额账户、在商业银行开设的预算外收入财政专户、在商业银行为预算单位开设的小额现金账户和特殊过渡性专户。建立国库单一账户体系后，相应取消各类收入过渡性账户。预算单位的财政性资金逐步地纳入国库单一账户管理。在建立健全现代化银行支付系统和财政管理信息系统的基础上，逐步实现由国库单一账户核算所有财政性资金的收入和支出，并通过各部门在商业银行的零余额账户处理日常支付和清算业务。

5.我国自1988年起实行的财政大包干制，适应了当时社会经济发展的需要。但它毕竟不是一种科学、合理、规范的办法，仍然保持着计划经济的基本框架，不适应建立社会主义市场经济体制的要求，其缺陷随着社会经济的发展和改革的深入日渐显露出来。分税制克服了原来财政包干制的弱点，增强了中央财政的宏观调控能力，体现了效率优先、兼顾公平的原则，是与社会主义市场经济相适应的财政管理体制。

6.现行分税制存在下列问题：

（1）中央与地方事权划分不清晰。其具体包括：①分税制运行之初基本维持了旧体制下政府间的事权范围，并且保留了按行政隶属关系划分企业所得税归属和财政支出范围的做法，还固化了本该逐渐淡化的政企关系，这显然不利于经济体制改革目标的顺利实现；②政府事权包括社会管理权和经济管理权，现行分税制在社会管理权的划分上是基本清楚的，但对经济管理权的划分却不够明确，也不够科学合理；③现行分税制在运行中仍存在中央出政策、地方出资金的情况，反映出中央与地方之间的事权划分仍然是模糊交叉的，财权和事权仍不统一，这就不利于分税制分级财政管理的实施与完善。

（2）中央与地方收入划分尚不够科学。分税制改革尽管采取分税的办法来划分中央与地方的收入，但在确定企业所得税归属时，仍保留了按企业行政隶属关系划分的做法，即中央企业的所得税归属中央收入，地方企业的所得税归属地方收入。这种做法从利益关系上固化了企业与各级政府间的行政隶属关系，不利于资源优化配置和现代企业制度的建立，并由此产生了负面效应。

（3）地方税体系不健全。

（4）转移支付制度不规范。

完善现行分税制的基本思路是：

（1）合理划分各级政府的事权。其包括：①要按照社会主义市场经济的要求对政府事权和企业事权合理定位，推进政府机构改革，尽快转变政府职能，将政府事权的范围控制在市场失效的领域和宏观经济层次。②要按照区域性和受益性原则来划分各级政府间的事权，即按区域性原则明确各级政府管理本地区社会事务、提供区域性公共产品的责任和权利；按受益性原则确定各级政府的经济管理权，将区域性的基础设施建设、产业结构调整及其他与本地区相关的宏观经济管理事权划归地方政府。③进一步落实地方政府统筹本地区社会经济发展的权力，凡是需由地方政府开发的事业，都应由地方政府自行规划和决策。

（2）按照主体税种合理配置原则、责任与受益对等原则、经济分权原则科学划分税种。

（3）加强地方税建设。

（4）建立科学的转移支付制度。

五、案例分析题

要点：乡镇财政困难是2000年前后全国不少地方的普遍现象，其原因有多方面，主要是地方财政管理体制没有改革到位，财力与事权不相匹配，一些地区经济基础比较薄弱，工业发展滞后，中央及上级财政的扶持不够，从而出现了收不抵支的局面。在这种情况下，有些乡镇政府被迫向农民借钱。在政府面前，一户户的农民是弱势群体，加上法制不健全，也就难以向政府追讨债务。在现行财政体制中，各级财政分灶吃饭，各自保障自身的财政收支平衡，上级财政不能无偿出资为乡镇财政偿还债务。如果这样做，会使一些乡镇政府产生依赖。当然，在乡镇财政特别困难的情况下，上级财政有责任通过借款等方式予以帮助。

第八章

一、单项选择题

1.A	2.A	3.C	4.B

二、多项选择题

1.AB	2.ABCD	3.ABCD	4.ABC

三、判断题

1.√	2.√	3.×	4.×

四、问答题

1.积极财政政策实质上就是扩张性财政政策，是应对1997年亚洲金融危机发生后，我国经济出现需求不足、通货紧缩等问题的宏观调控措施。其主要是通过发行长期建设国债、增加财政赤字、扩大政府支出，特别是增加投资性支出等来扩大需求，拉动经济增长。其中，国债、税收和投资是财政调控的重要杠杆。其主要措施包括：一是发行长期建设国债，带动全社会固定资产投资。1998—2004年，我国累计发行了9 100亿元的长期建设国债，集中力量建成了一批关系国民经济发展全局的重大基础设施项目，同时带动了社会投资特别是民间资本的跟进。二是调整税收政策，刺激需求增长。对涉及投资、消费及进出口的税收政策及时作了相应的调整，分别实行了对符合国家产业政策的技术改造项目的国产设备投资按40%的比例抵免企业所得税、对国家鼓励发展的外商投资项目和国内投资项目的进口设备在规定的范围内免征关税和进口环节增值税、停征固定资产投资方向调节税、恢复征收居民储蓄存款利息个人所得税、分3年将金融保险企业的营业税税率由8%降至5%，以及多次提高出口货物增值税退税率等政策措施。三是调整收入分配政策，改善居民消费心理预期。连续4次调整机关事业单位职工工资，建立艰苦边远地区津贴制度，实施机关事业单位年终奖金制度。同时，增加社会保障投入，提高社会保障水平。四是规范收费制度，减轻社会负担，推动扩大消费。1998年以来，我国共取消行政事业收费项目1 805项，共减轻社会负担1 417亿元；农村税费改革不断深化，农民负担明显减轻。五是支持国民经济战略性调整，促进国有企业改革和产业结构优化。

2.实行稳健的财政政策的核心是松紧适度，着力协调，放眼长远。具体来说，要注重把握“控制赤字、调整结构、推进改革、增收节支”16个字。

控制赤字，就是适当减少财政赤字、缩小长期建设公债发行规模，中央财政赤字规模大体保持在3 000亿元左右。同时，随着GDP的不断增长，财政赤字占GDP的比重也会不断下降。继续保持一定的赤字规模和长期建设公债规模，是坚持“发展是党执政兴国第一要务”的要求，也是保持一定宏观调控能力的需要。这样做的必要性是：①政策需要保持相对的连续性，公债项目的投资建设有个周期，在建、未完工程尚需后续投入。在经济高速增长和部分行业、项目对公债资金依赖较大的时候，刹车过猛会对经济造成较大的负面冲击。②按照“五个统筹”的要求，确实有许多“短腿”的事情要做，保持一定的赤字规模，有利于集中一些资源，用于增加农业、教育、公共卫生、社会保障、生态环境等公共领域的投入。③保持一定的调控能力，有利于主动地应对国际、国内各种复杂的形势。

调整结构，就是要进一步按照科学发展观和公共财政的要求，着力调整财政支出结构和公债资金投向结构。资金安排上要区别对待，有保有压、有促有控。对与经济过热有关的、直接用于一般竞争性领域的“越位”投入，要退出来、压下来；对属于公共财政范畴、涉及财政“缺位或不到位”的，如需要加强的农业、就业和社会保障、环境和生态建设、公共卫生、教育、科技等经济社会发展的薄弱环节，不仅要保，还要加大投入和支持的力度，努力促进“五个统筹”和全面协调发展。

推进改革，就是转变主要依靠公债项目投资拉动经济增长的方式，按照既立足当前又着眼长远的原则，在继续安排部分公债项目投资、整合预算内基本建设投资、保证一定规模中央财政投资的基础上，适当调减公债项目投资规模，腾出一部分财力，用于大力推进体制和制度改革创新，为市场主体和经济发展创造一个相对宽松的财税环境，建立有利于经济自主增长的长效机制。推进改革的内容包括：推进增值税转型改革，推进内外资企业所得税合并，改革和完善农业税费制度，完善出口退税制度；大力支持并推进教育、社会保障、医疗卫生、收入分配四项改革，以进一步鼓励和扩大消费。

增收节支，就是在总体税负不增或略减税负的基础上，严格依法征税，确保财政收入稳定增长；同时，严格控制支出增长，在切实提高财政资金的使用效益上花大力气、下大功夫。一是依法加强税收征管，堵塞各种漏洞，切实做到应收尽收；依法清理和规范税收优惠政策，严格控制减免税。二是严格控制一般性支出，保证重点支出的需要，各项财政支出都要精打细算。三是在继续深化预算管理制度改革的基础上，积极探索建立财政资金绩效评价制度，加强监督检查，严格管理，坚决制止铺张浪费、花钱大手大脚的行为，把该花的钱花好、管好、用好，切实提高财政资金使用的规范性、安全性和有效性，通过提高财政资金的使用效益来替代一定的财政资金的增量需要。四是科学使用预算执行中的超收，一般不能作刚性支出和投资安排。

五、论述题

2008年年末，我国受到国际金融危机的严重冲击。其具体表现是：出口受阻，经济增长速度下滑，失业人数增加，财政收入下降。为保持经济的稳定增长，国务院决定实行积极财政政策，通过减税、财政补贴、增加财政投资等方式拉动内需、增加需求，带动经济增长；同时，调整产业结构，削弱外部的影响，增强我国经济发展的内生动力。

积极财政政策的实质是扩张性的财政政策，可以通过投资、补贴、税收等工具发挥调节作用和稳定经济的职能，实现宏观调控目标。

六、案例分析题

要点：(1) 南宁市政府出台这一补贴政策的背景是我国老龄化程度加剧，老年人的护理问题成为严重的社会问题，仅靠家庭养老远远不够，而且公办养老院无法满足需要。政府有必要通过财政等手段鼓励民办养老院发展，为老年人提供多样化的服务。

(2) 财政具有资源配置、收入分配、稳定经济的职能。财政补贴是财政政策中的重要工具，可以发挥优化资源配置的作用，引导社会资金投入到养老服务中，更好地服务于老年人的晚年生活，提高其生活质量。财政补贴可以降低民办养老院的运营成本，扶持其健康发展。

第九章

一、单项选择题

1.C　　2.A

二、多项选择题

1.ABD　　2.ABCE

三、判断题

1.×　　2.√　　3.√

四、问答题

1.国际重复征税是指两个或两个以上的国家在同一时期内，对同一纳税人的同一课税对象或税源征收相同或类似的税收。国际重复征税问题的解决办法有两个：一是相关国家通过签订国际税收协定，约束各自的税收管辖权，以避免两国因制定居民身份或所得来源地的标准相互冲突而引起国际重复征税；二是实行居民管辖权的国家承认所得来源国的优先征税权，采用免税法、扣除法、低税法、抵免法、税收饶让等避免、消除或缓和国际重复征税，具体如下：

（1）免税法，指行使居民管辖权的国家对本国居民来源于国外的所得免税，只对来源于国内的所得征税。实行该方法的指导原则是承认收入来源地管辖权的独占征税权，这就意味着居住国政府完全放弃对来自国外的所得征税的权力，将这种权力留给该笔所得的来源国政府。

（2）扣除法，指居住国政府行使居民税收管辖权时，将纳税人的国内所得和国外所得汇总后，扣除纳税人来源于国外所得所缴纳的外国税额而仅就其余额按居住国政府规定的税率征税的方式。

（3）低税法，指居住国政府通过对其居民来源于国外的所得单独制定较低税率的方式来减轻国际重复征税的方法。

（4）抵免法，指居住国政府行使居民税收管辖权时，允许纳税人以在国外缴纳的税款冲抵本国汇总国内外所得按本国税率所计征的税额的方法。

（5）税收饶让，指一国对本国纳税人在国外得到减免的那一部分所得税，同样给予抵免待遇，不再按本国规定的税率补征。税收饶让也称饶让抵免，是税收抵免的延伸或扩展，与税收抵免有着密切的关系。税收饶让一般都要通过签订双边税收协定加以明确规定。准确来说，税收饶让不是一种消除国际重复征税的方法，而是居住国对从事国际经济活动的本国居民采取的一种税收优惠措施。

2.财政关系的国际协调方式有：①全球性的国际协调，如通过WTO制定贸易规则，处理由贸易问题引起的摩擦，调解贸易争端；②国家之间的财政协调，如通过签订税收协定协调相互之间的税收制度，消除由于国际重复征税对国际贸易及跨国投资的消极影响；③国际财政援助，如由发达国家或国际组织提供无偿援助和豁免发展中国家的债务等。欧盟财政政策协调是一个较成功的例子，其制度框架归结为两方面：一是财政纪律约束；二是财政转移支付。

第十章

一、单项选择题

1.C	2.B	3.C	4.B
5.C	6.B	7.B	8.A
9.A	10.A		

二、多项选择题

1.ABC	2.BC	3.ACD	4.AD
5.ABC			

三、判断题

1.×	2.×	3.√	4.×
5.√	6.×	7.√	8.×
9.×			

四、问答题

1.货币制度是对货币运动的约束和规范，其核心是稳定币值。货币制度的演变是为了适应商品经济的发展及客观环境的变化。金属货币制度的变迁，即由银本位制到金银复本位制再到金本位制的发展，反映了货币与客观物质条件及商品经济规模的密切关系。在人类的经济活动不断发展变化的条件下，货币形式以至货币制度都将不断演变，这是历史的必然。在金属货币制度下，货币的币值以贵金属作为保证；而在纸币制度下，货币的币值是以社会公众提供的资源或资产作为保证的。

2.货币的基本职能有价值尺度职能、流通手段职能、支付手段职能、储藏手段职能和世界货币职能。

（1）价值尺度职能，是指货币具有表现商品价值、衡量商品价值量大小的职能。货币执行价值尺度职能时，可以是观念上的货币，并不需要真实的货币。

（2）流通手段职能，是指货币具有充当商品交换媒介的职能。货币在执行流通手段职能时，必须是现实的货币，而不能是观念上的货币。

（3）支付手段职能，是指货币用于清偿债务，支付税金、租金、工资等时所执行的职能。

（4）储藏手段职能，是指当货币由于各种原因退出流通领域，被持有者当作独立的价值形态和社会财富的绝对化身而保存起来时，货币就停止流通，发挥储藏手段职能。

（5）当货币超越国界，在世界市场上发挥一般等价物的作用时，即执行世界货币职能。

3.纸币流通规律，是指在纸币流通的条件下，社会所需要的货币必要数量的变化规律。马克思明确指出："纸币流通的特殊规律只能从纸币是金的代表这种关系中产生。这一规律简单来说就是：纸币的发行限于它象征地代表的金（或银）的实际流通的数量。”也就是说，纸币发行的数量取决于流通中所需要的金属货币数量。由此可见，纸币流通规律与金属货币流通规律有着内在的联系，纸币必要量与金属货币必要量有着同增同减的关系，即流通中所需要的金属货币必要量大，则纸币的必要量就大，反之亦然。如果违背纸币的流通规律，任意发行纸币，势必造成纸币的贬值，破坏币值的稳定性。

4.（1）人民币是我国唯一法定货币。以人民币支付我国境内的一切公共债务和私人债务，任何单位和个人不得拒收。为了保证人民币的唯一合法地位，国家规定：严禁金银计价流通，严禁外币计价流通，严禁伪造、变造人民币，严禁任何单位和个人印制、发售代币票券代表人民币在市场上流通。

（2）人民币的单位为元，人民币的辅币单位为角、分。1元等于10角，1角等于10分。人民币的符号为“￥”。

（3）人民币是由中国人民银行统一印制、发行的钞票，采取的是不兑现的银行券形式。人民币没有法定含金量，不能兑换黄金，也不与任何外币确定正式联系。人民币的发行实行高度集中统一的原则，中国人民银行是唯一的发行机关，在中国人民银行内部，发行权集中于总行。为了管理货币发行，中国人民银行设立了人民币发行库，在其分支机构设立分支库。分支库调拨人民币发行基金，必须按照上级库的调拨命令办理。

（4）国家对货币流通还分不同情况规定了不同的管理制度。针对现金流通规定了其使用范围：现金主要用于工资、劳务支付，服务于消费品分配；而国有企事业单位、机关、部队、团体和集体经济单位相互之间的货币支付，小额的可以使用现金，大额的必须由银行转账。针对非现金流通（存款货币流通）主要规定了银行办理转账结算的原则和具体办法。

（5）我国建立的金银储备和外汇储备是国际支付的准备金，主要不是作为货币发行的准备或保证，但对稳定国内货币流通也能发挥作用。这两项储备由中国人民银行集中掌管，储备情况定期公布。

五、案例分析题

要点：比特币（Bitcoin：比特金）最早是一种网络虚拟货币，与腾讯公司的Q币类似，但是它已经可以购买现实生活中的物品了。比特币的特点是分散化、匿名、只能在数字世界使用，不属于任何国家和金融机构，并且不受地域限制，可以在世界上的任何地方兑换它，也因此被部分不法分子当作洗钱工具。

2013年12月5日，中国人民银行与多部门联合印发了《关于防范比特币风险的通知》。该通知要求，比特币是一种特定的虚拟商品，不具有与货币等同的法律地位，不能且不应作为货币在市场上流通使用，普通民众在自担风险的前提下拥有参与的自由，各金融机构和支付机构不得以比特币为产品或服务定价。

《关于防范比特币风险的通知》明确了比特币的性质，认为比特币不是由货币当局发行的，不具有法偿性与强制性等货币属性，并不是真正意义上的货币。从性质上看，比特币是一种特定的虚拟商品，不具有与货币等同的法律地位，不能且不应作为货币在市场上流通使用。但是，比特币交易作为一种互联网上的商品买卖行为，普通民众在自担风险的前提下拥有参与的自由。

第十一章

一、单项选择题

1.B	2.B	3.D	4.D
5.B	6.B	7.C	8.C

二、多项选择题

1.ACD	2.ABDE	3.ACE	4.BD
5.ACDE			

三、判断题

1.√	2.×	3.√	4.√
5.×	6.√	7.×	8.√
9.×	10.√		

四、问答题

1.消费信用是工商企业、银行或其他金融机构以商品、货币或劳务的形式向消费者个人提供的信用。消费信用的主要形式有：

（1）信用卡透支。这是发卡银行向持卡人提供的短期消费信用。持卡人在一定限额内允许透支消费，并有一定的免息期，超过免息期后一般按日支付利息。

（2）分期付款。这种形式主要用于购买耐用消费品，如汽车、房屋、家具等，属于中期信用。其具体做法是：由买方先支付一部分货款，同时与卖方签订分期支付剩余货款并支付利息的合同，然后由卖方交付货物。在付清货款之前，货物所有权仍归卖方，直到买方按合同规定分期付清货款，货物所有权才能移交给买方。

（3）消费贷款。这是由银行或其他金融机构对购买耐用消费品的个人或分期付款销售耐用消费品的工商企业发放的贷款。

2.银行信用是银行及其他金融机构以货币形式提供的信用。银行信用是在商业信用的基础上产生的一种信用形式，它克服了商业信用的局限性，具有以下优点：

（1）银行信用所分配的是通过信用形式集中起来、从企业资金循环过程中游离出来的暂时闲置的货币资金，以及社会各阶层的货币收入。信用资金来源广泛，不受个别企业资金规模的限制，因此银行信用的规模远远超过商业信用。

（2）银行信用贷放出去的资金是处于再生产过程以外的借贷资金，并且一般是以货币形式提供的。货币作为价值的独立形态，不受商品的流向限制，能向任何生产部门提供信用，克服了商业信用在提供信用方向上的局限性。

（3）银行信用主要依靠吸收存款，各项存款的存取时间不一致，存取交错在一起形成银行账户上的稳定余额，为银行发放长期贷款提供了资金来源，所以银行信用的期限比商业信用灵活，既可以提供短期信用，也可以提供长期信用。

银行信用在信用规模、信用方向和范围、信用期限等方面都优于商业信用，更能适应现代社会化大生产的需要，在更大程度上满足了商品经济发展的需要。在社会化大生产和现代商品经济社会中，银行信用处于信用体系的主导地位。

3.国家制定基本利率时要考虑的第一个基本因素是平均利润率。这是因为，如果支付的利息高于平均利润，借款人就无利可图而不愿意借款，所以利率只能低于平均利润率。同时，利率也不可能等于零；否则，货币资金的所有者也不愿意无偿让渡货币资金的使用权。由此可见，利率只能在零和平均利润率之间波动。

第二个基本因素是货币资金的供求状况。利息是转让货币资金使用权的报酬，是资金的“价格”。所以，资金供不应求时，利率就上升；供过于求时，利率就下降。

第三个基本因素是通货膨胀率。一方面，通货膨胀意味着纸币贬值，在通货膨胀率较高的情况下，贷者就得考虑提高利率来弥补纸币贬值的损失；另一方面，各国政府又常常将利率作为抑制通货膨胀、稳定物价的经济手段。政府通过调高或降低利率，影响货币资金的供求状况，从而达到调节货币流通量、控制需求、稳定物价的目的。

第四个基本因素是国家的经济政策。由于利率的变动对经济发展有很大影响，在世界各国普遍推行国家干预经济的政策条件下，利率成为国家对经济活动进行宏观调控的重要工具，利率不再完全随借贷资金的供求状况自由波动，而必须受国家的控制和调节。国家制定的经济政策也是制定基本利率时必须考虑的重要因素。

第五个基本因素是国际市场利率水平。随着世界经济的发展，各国之间的经济联系日益密切，所以一国政府在制定和调整本国利率时，不能不考虑国际市场利率的影响。

此外，还需考虑的因素有银行经营成本、利率管理体制、传统习惯、法律规定、国际协定等。

4.信用在现代经济中占有十分重要的地位，这不仅是因为建立在信用基础上的金融业已经成为现代产业的重要组成部分，而且因为信用关系已经像一个巨大的网络，覆盖了每一个经济组织和个人，在经济运行中起着不可替代的作用。这些作用具体表现在以下几个方面：

（1）资金积聚作用。信用还本付息的特点，使其可以广泛动员社会闲置资金和个人暂时不用的货币收入，积少成多，续短为长，变消费资金为积累资金，投入生产经营活动中，支持生产和流通的扩大。此外，企业运用各种信用工具，可以突破个别资本积累的限制，借助其他资本来增加资本总额，实现规模经济效益。

（2）资金配置作用。信用对资金的配置是通过对资金的占有权和使用权的分配来实现的。信用改变了货币资金原有的存在布局，对资金进行重新组合，以达到充分、合理运用的目的。信用配置资金的作用可通过两个途径完成：一是通过银行信用的存款业务完成，即银行吸纳资金盈余单位的闲置资金形成存款，再以贷款的形式发放给资金短缺单位；二是资金短缺单位在金融市场上创造信用工具（如债券），卖给盈余单位而获得其闲置资金。

（3）加速商品流转、节省商品流通费用的作用。现代信用制度的存在，使债权债务的清算采用转账结算方式成为可能。这种不动用现金的转账结算，既方便，又可大大节约使用现金的各种耗费，如制造、保管、点数、运输等费用。随着计算机等高科技手段在金融领域的应用，货币的巨额结算会在瞬间完成。这种以信用为基础的结算制度，加速了商品流转，并减少了商品储存以及有关的各种经营费用。

（4）宏观调控国民经济的作用。信用与国民经济各部门、各地区、各单位的经济活动息息相关，能够及时、准确、全面地反映宏观经济的运行和企业的生产经营状况。因此，通过对信用活动的调节和控制，能够对宏观经济活动起到一定的调控作用。信用的调控一般从规模和结构两方面进行。

5.信贷资金的运动具有相对独立性，有自身的客观规律。信贷资金的运动具有双重支付和双重回流的特征。由于社会生产活动的连续不断，信贷资金总处于不断周转之中，表现为川流不息的存入和提取、贷出和收回。

第一重支付是银行（信用机构）将信贷资金贷放给企业，是银行（信用机构）对企业的支付，是信贷资金运动的第一个阶段；第二重支付是企业用获得的贷款购买生产资料，是一个企业对另一个企业的支付，是信贷资金运动的第二个阶段；企业生产出产品，经销售后收回货款，这是第三个阶段，也是第一重回流；第四个阶段是企业用收回的货款归还贷款并支付利息，这是第二重回流。信贷资金的双重支付和双重回流是信贷资金运动的特殊规律，也是信贷资金运动与其他资金运动的明显区别。

6.信贷资金运动与社会再生产是紧密相联的。

首先，社会再生产对信贷资金运动具有决定性作用，具体表现在以下两方面：

（1）生产的发展状况与规模决定着信贷资金的供求状况与规模。生产和交换的规模不断扩大，社会财富不断增多，使信贷资金的供给来源日益增长；同时，由于生产规模的扩大，对信贷资金的需求增加，信贷资金的规模也不断扩大；反之，如果生产停滞，规模萎缩，信贷规模必然萎缩，资金的周转也必然不正常。

（2）社会生产的结构决定着信贷资金的结构。产业结构的变化必然带来信贷资金运动方向和结构的变化。一个地区的信贷资金分配结构必然与其产业结构有着高度的互动性。

其次，信贷资金运动对社会再生产有着反作用，具体表现在以下三方面：

（1）信贷资金已成为生产顺利进行的前提条件。在现代经济生活中，企业单靠自有资金进行生产的情况较少，信贷成为筹措资金的主要手段之一。没有信贷资金的注入，企业的生产和流通将出现困难甚至寸步难行。

（2）信贷资金聚集和分配的规模对生产和流通有着重大影响。信贷资金分配合理、周转速度快，就会促进生产和流通的发展；反之，如果信贷资金缩小供应规模、分配不当，就会对国民经济产生不利影响。

（3）信贷资金的分配结构对产业结构的调整也有一定的影响。

五、计算题

1.如果买国债，张某可获利：

$10\,000\times5\%\times3=1\,500$（元）

2.如果存入银行，张某可获利：

$10\,000\times(1+4\%)^3-10\,000=1\,248.64$（元）

由上可知，从收益角度考虑，张某应选择第一种投资方式，即购买国债，可获得较多的收益。

第十二章

一、单项选择题

1.C	2.A	3.D	4.A
5.B	6.C	7.B	8.B

二、多项选择题

1.CE	2.ABC	3.ABCD	4.ABCDE
5.AB	6.ABCDE	7.ABD	8.ABCE
9.ABC			

三、判断题

1.×	2.×	3.√	4.×
5.√	6.×	7.×	8.×
9.×	10.√	11.×	12.×

四、问答题

1.银行的产生和发展可以概述为：封建割据使得流通中使用的货币不一，为适应贸易的发展，产生了货币兑换商，随着其业务范围的扩大，货币兑换也逐步发展、演变为货币经营业，为取得更多的利益，货币经营业者以付息的方法办理放款业务，吸收资金，经营信贷业务，早期的银行就产生了。随着资本主义生产的发展，建立了符合资本主义经济发展需要的近代银行，其中股份制银行是资本主义银行的主要形式。现代商品经济的发展促成了银行向现代银行的演变，现代银行正朝着组织集团化、业务多样化、机构全能化、资本国际化的方向发展。

2.我国的金融机构体系按其地位和功能大致可分为四大类：第一类是货币当局，也叫中央银行，即中国人民银行。第二类是银行，包括商业银行和政策性银行。商业银行又可分为国有独资商业银行、股份制商业银行、城市商业银行。第三类是非银行金融机构，主要包括国有保险公司、股份制保险公司、城市信用合作社及农村信用合作社、信托投资公司、证券公司及其他非银行金融机构。第四类是在我国境内开办的外资、侨资、中外合资金融机构，包括外资、侨资、中外合资的银行、财务公司、保险机构等金融机构在我国境内设立的业务分支机构和驻华代表处。

3.为适应国际经济发展的需要，曾先后出现过各种开展国际金融业务的政府间国际金融机构。其发端可以追溯到1930年5月在瑞士巴塞尔成立的国际清算银行。第二次世界大战后，布雷顿森林体系成立，并相应地建立了几个全球性的国际金融机构，作为实施这一国际货币体系的组织机构。1957年到20世纪70年代，欧洲、亚洲、非洲、拉丁美洲、中东地区的国家为满足发展本地区经济的需要，通过互助合作方式，先后建立起区域性的国际金融机构，如泛美开发银行、亚洲开发银行、非洲开发银行等。

第十三章

一、单项选择题

1.A 2.B 3.D 4.C

5.D 6.C

二、多项选择题

1.BC 2.ABC 3.ABCD 4.BCDE

5.ABCDE 6.ABCD 7.CDE 8.CDE

9.CD 10.ABCD 11.ABC 12.BCDE

三、判断题

1.× 2.√ 3.× 4.×

5.√ 6.× 7.√ 8.×

9.√ 10.√ 11.√

四、问答题

1.借款人申请贷款应具备以下条件：①有按期还本付息的能力；②原应付贷款利息和到期贷款已按期还清；③除自然人外，借款人应当经过工商管理部门办理年检手续，以保证其法人资格的合法性；④已开立基本存款账户或一般存款账户；⑤企业对外的股本权益性投资总额不得超过其资产净值的50%；⑥如申请中长期贷款，新建项目企业法人的所有者权益一般不得低于项目所需总投资的25%，在具体执行时，加工业应高一些，商业可以低一些，盈利水平低的应高一些，盈利水平高的可以低一些；⑦如申请短期贷款，企业法人的新增流动资产一般不得小于新增流动负债。

2.商业银行贷款的程序为：①贷款申请；②借款人信用等级评估；③贷款调查；④贷款审批；⑤签订借款合同；⑥贷款发放；⑦贷后检查；⑧贷款归还。

3.商业银行投资国债的目的是：①获取收益；②分散风险；③保持流动性。

4.办理支付结算应坚持以下原则：①诚实信用，履约付款；②谁的钱进谁的账，由谁支配；③银行不垫款。

5.融资租赁业务的程序为：①租赁准备阶段；②委托租赁阶段；③设备选择、询价和谈判阶段；④签订合同和引进设备阶段；⑤交付租金阶段。

五、案例分析题

要点：1.银行员工将保险宣传成存款的附送品，隐瞒了保险销售的真实情况，诱导李女士的母亲用交存的款项购买了保险，最终引发了纠纷。

2.一方面，银行应加强对基层员工的培训，坚决制止利用虚假宣传甚至是欺诈的手段骗取客户购买保险；另一方面，完善代理保险奖惩机制，对存在违规销售保险产品的情形要严厉处罚。

第十四章

一、单项选择题

1.B	2.B	3.C	4.D
5.D	6.A	7.C	8.A
9.A	10.B		

二、多项选择题

1.ABCD	2.ABC	3.DE	4.ABCDE
5.CDE	6.ABCD	7.ABCDE	8.ABCDE

三、判断题

1.√	2.√	3.√	4.×
5.×	6.×	7.√	8.×
9.√	10.√	11.√	

四、问答题

1.金融市场具有以下特点：①市场商品具有单一性；②交易价格具有特殊性；③交易目的具有多重性。

2.货币市场的作用是：①融通短期资金，促进资金流动，为工商企业、银行和政府短期资金的余缺调节提供了便利场所；②协调银行资金，联结银行体系；③有利于金融宏观调控。

3.同业拆借市场具有以下特点：①同业性。参加同业拆借的成员，都是经中国人民银行批准经营金融业务的银行或非银行金融机构。②短期性。同业拆借市场属于短期金融市场，同业拆借是一种临时性的资金拆借，主要用于调剂资金的临时余缺。同业拆借按期限分为7天（含7天）以内同业头寸拆借和7天以上、4个月（含4个月）以内的同业短期拆借。③无担保性。同业拆借完全凭借借款人的信用进行，无须向放款人提供担保品。④大额交易。同业拆借依据银行间的需要，每笔交易一般数额很大。⑤不提交准备金。银行吸收的存款要按一定比例上缴中央银行存款准备金，而通过同业拆借市场拆借资金按规定可以免交存款准备金。

4.证券发行的基本程序是：①制订发行计划，形成发行决议；②提出发行申请；③确定委托代理；④发布发行公告；⑤认购人应募；⑥建立健全企业的组织机构。

5.保证金多头交易也称保证金买空交易，是投资者预期某证券价格看涨，在缴纳规定的保证金后，从经纪人那里取得部分贷款，购入证券，一定时间后再以较高的价格售出，并归还贷款，从买进和卖出差价中获得利润的交易方式。经纪人向投资者垫付的款项是对投资者的融资，要收取相应的利息作为补偿。

保证金空头交易也称为保证金卖空交易，是投资者预期某证券价格将下跌，从经纪人处借入部分证券出售，待一定时间后价格下跌时再以较低的价格买回，并将其归还经纪人，从买卖差价中获得利润的交易方式。

6.期货交易的目的：一是保值，避免证券价格变动带来的风险。其基本做法是首先在证券市场上买进或卖出某种证券，随后再以期货方式卖出或买进该种证券，防止该证券价格变动造成的损失。二是投机，由于期货交易和现货交易的价格往往不一致，因此投机者可利用多头交易和空头交易进行证券投机活动。多头交易又称为买空交易，即预期某证券的价格将要上涨，先以期货合同预约买进，等交割时再以高价卖出，从中获利；空头交易又称为卖空交易，即预期证券价格将要下跌，先订立期货合同按现有的价格卖出，等该证券价格下跌以后买进，从而获取高卖低买之间的差价。

7.期权也称为选择权，是指赋予购买者的在规定期限内按交易双方约定的价格买进或卖出一定数量证券的权利。期权交易就是对这种证券买进权利或卖出权利进行买卖的活动。这种交易的直接对象不是证券，而是买卖证券的权利。购买期权的人在支付给出售期权的人一定期权费之后，就有权按照事先达成的协议，在一定期限内按规定的价格买进或卖出一定数量的证券。购买期权的人在规定期限内可以行使这一权利，也可以不行使这一权利，即不买卖证券而任其作废。也就是说，期权购买者以付出期权费为代价，获得了对期权是否执行的选择权，所以期权交易也称为选择权交易。相反，期权出售者由于收取了期权费，因此在协议规定的有效期间内，无论市场行情如何变化，都有按协议规定履行交易的义务，而没有任何选择的余地，只能被动地等待期权购买者作出是否行使期权的决定，直到期权过期为止。

五、案例分析题

1.要点：（1）承兑行不能拒绝支付D公司提示的银行承兑汇票。因为，票据属无因证券，票据关系一经成立，即独立于基础法律关系，承兑行不得以基础法律关系的抗辩事由对抗持票人的票据权利。

（2）D公司在其提示的汇票遭拒绝付款之后，可以向B公司、承兑行和A厂之中的任何一人或数人行使追索权。

2.要点：（1）付款人H拒绝向B公司支付其所持转账支票票款正确。因为，该支票已过提示付款期，根据我国《票据法》的规定，该支票的持票人应当自出票日起10日内提示付款，而持票人提示付款的时间已超过10日。

（2）付款人W向D公司支付其所持银行汇票票款正确。因为，票据关系一旦成立，即与基础关系相分离，根据我国《票据法》的有关规定，只有在持有人不履行约定义务、与自己有直接债权债务关系时，票据债务人才可进行抗辩。而D公司既与A公司无直接的债权债务关系，又与付款人W无直接的债权债务关系，故付款人W不得拒绝向D公司支付其提示的票款。

第十五章

一、单项选择题

1.A	2.C	3.A	4.C
5.A	6.A	7.A	8.D
9.B	10.C	11.A	12.B

二、多项选择题

1.ABCD　2.AC　3.ABD　4.ABCD
5.ABCDE　6.ABE　7.BD　8.AC
9.ABC　10.AB

三、判断题

1.×　2.√　3.√　4.×
5.√　6.√　7.×　8.√
9.×　10.×　11.×　12.×
13.×　14.×

四、问答题

1.作为国际经济交往中的外汇，应具备以下特征：①普遍的可接受性。对涉外经济实体而言，它所能获得的外汇应该能根据需要兑换成其他国家的货币，并能为其他国家所接受；否则，就不能视其为外汇。②必须是以外币表示的资产。这是现代国际结算的要求。由于国际结算均为银行间的转账结算（外钞是不能直接用于结算的），这就要求有结算需要的各国在国外必须拥有不同形式的外汇存款，以便利用外币票据，通过贷记或借记各方的银行存款账户办理外币的收付。

2.信用证结算方式的特点包括：①开证行承担第一性付款责任。信用证是由开证行凭自己的信用作出的付款保证。对于出口商交来的符合信用证条款规定的单据，开证行必须无条件付款。②信用证是独立的保证文件。信用证起源于贸易合同，但不依附于贸易合同，一经开证行开出，开证行即要对信用证负责，按信用证要求履行付款责任，不受贸易合同的约束。③信用证业务的处理以单据而不是以货物为准。只要出口商提供的单据符合信用证的要求，即表面上“单证一致”，银行就必须付款，对于货物的真假、好坏，银行一概不管，也没有责任。

3.各国普遍采用信用证结算方式的原因有：它建立在银行信用的基础上，对各方当事人均有利。对出口商来说，只要其提供给银行符合信用证要求的单据，就可以得到银行的垫款；对进口商来说，如果出口商提供的单据不符合信用证的要求，就可以拒绝付款；对议付行来说，只需提供议付服务，就可以获得一笔手续费，并且对最终付款不负责任；对开证行来说，也可以得到一笔手续费，由于开立信用证之前需要对申请人进行严格的审核，所以开证行只需对严格符合信用证要求的单据负责，即使要承担付款的责任，风险也已降到最低程度。采用信用证结算方式，一方面，可以使出口商尽快得到资金进行再经营；另一方面，也避免了进口商付款而拿不到货的情况发生，所以这种结算方式是目前各国普遍采用的国际结算方式。

4.票汇是汇款人委托汇出行开出以汇入行为付款人的银行汇票，由汇款人自行寄给收款人或亲自携带出国交给收款人取款的一种汇款方式。票汇的结算程序如下：①汇款人填写票汇申请书并向银行付款缴费；②汇出行开出即期银行支票交给汇款人；③汇款人将汇票亲自带到国外或自行寄给收款人；④汇出行将汇票通知书或票根邮寄给汇入行；⑤收款人持汇票向汇入行取款；⑥汇入行将汇票与汇票通知书核对无误后，解付票款给收款人；⑦汇入行将付讫解讫通知书寄给汇出行。

5.跟单托收根据交单条件不同，可分为付款交单和承兑交单两种。

付款交单又可分为即期付款交单和远期付款交单。即期付款交单是由出口商开具即期汇票，通过托收行委托代收行向进口商提示，进口商付清货款后取得货运单据；代收行收到款项后通知托收行，再由托收行通知出口商取款。

远期付款交单是由出口商开具远期汇票，通过托收行委托代收行向进口商提示，由进口商承兑，到交单期限，付清货款后领取货运单据；代收行收到款项后通知托收行，再由托收行通知出口商取款。

承兑交单是代收行在进口商承兑远期汇票后，即将货运单据交给进口商，到付款期限，再一次向进口商提示，要求其履行付款义务；代收行收到款项后通知托收行，再由托收行通知出口商取款。

6.银行拨付款项分为以下三种情况：①汇出行和汇入行之间存在往来账户关系。这又分为两种情况：一是汇出行在汇入行开立往来账户，汇出行在进行支付委托时，应在委托书上注明：In cover，please debit our account with you.（请将这笔款项借记我行在你行的账户）；二是汇入行在汇出行开立往来账户，在这种情况下，汇出行的支付委托书应注明：In cover，we have credited your account with us.（我行已将这笔款项贷记你方账户）。汇入行接到支付委托书后，按照汇出行的指示进行解付。②双方在同一代理行开立往来账户。这样，汇款的偿付通过该代理行拨交头寸即可，即汇出行在汇出汇款时，主动通知代理行将款项拨付给汇入行在该代理行的账户，并在支付委托书上注明：In cover，we have authorized A bank to debit our account and credit your account with them.（我行已委托A银行将款项借记我方账户并贷记你方账户）。汇入行在接到汇出行的支付委托和A银行寄来的贷记报告单后便可将款项解付给收款人。③双方在不同银行开立往来账户。汇出行在汇出汇款时，通知其代理行将款项拨付给汇入行在其他代理行开立的账户，并在支付委托书上注明：In cover，we have instructed A bank to remit proceeds to your account with B bank.（我们已通知A银行拨付款项给你方在B银行的账户）。银行在完成头寸的拨付后，应给对方寄出借（贷）记报告单。

五、案例分析题

要点：(1) 贸易合同与信用证是相互独立的两个文件，信用证一经开出，便不受合同的约束。但在此案例中，信用证下附有合同，并明确规定该项合同是该信用证不可分割的一部分，使合同条款成为信用证条款一个有效组成部分，在这一条件下，信用证的运行就要受到合同条款的约束。

(2) 银行应对所开出的信用证严格负责。在此案例中，信用证随附的合同条款规定：提单20天内在中国议付有效。既然合同是信用证的有效组成部分，受益人也在合同规定的日期内向我方银行提供了符合信用证要求的所有单据，我方银行就应根据该信用证的要求正确处理，开证行没有理由拒绝付款。这表明，议付行的有效地点直接关系到各方当事人的利益，信用证中应有明确的规定，以免发生不必要的纠纷。

六、实务题

1.7月2日；7月2日；7月22日。

2.没有。因为在托收业务中，银行只是协助委托人收取款项，对单据的真实性一概不管。银行的责任只是核实所收到的单据和种类与托收委托书所列的是否一致，如有缺漏，及时通知委托人。

3.其责任应由付款人承担。因为按惯例，如果托收指示没有明确规定交单条件，则应按付款交单处理。所以，付款人在该项业务中应先付款然后才能取得单据，否则就要承担货物受损的责任。

4.议付行只是由于开证行的邀请，根据信用证条款和开证行保证付款的承诺，并应受益人的要求而办理议付业务。议付行有权审核单据，但只是协助受益人审核，并不负担责任，一旦开证行发现单证不符，拒绝付款，议付行有权向受益人追回票款。

5.不可以。因为6月12日交单时，是5月28日签发运输单据的日期后的第15天，与信用证要求的“提交单据特定期限为运输单据签发后11天”不相符，所以银行不能议付。

6.5 000÷1.4 025=3 565（英镑/吨）

根据牌价，应报3 565英镑/吨。

第十六章

一、单项选择题

1.D	2.C	3.D	4.A
5.B	6.B	7.C	8.B
9.B	10.C		

二、多项选择题

1.ACE	2.ABE	3.ABDE	4.ABDE
5.ACDE	6.ADE	7.BCDE	8.ABDE
9.ABD	10.ABCDE		

三、判断题

1.×	2.×	3.√	4.√
5.×	6.×	7.×	8×
9.×	10.√		

四、问答题

1.中央银行的性质可概括表述为：中央银行是调节宏观经济、管理金融事业的特殊金融机构。其具体体现在以下三个方面：①中央银行是国家调节宏观经济的工具；②中央银行是特殊的金融机构，是能够制定和执行货币政策、控制社会信用规模、调节货币流通、进行金融调控的特殊金融机构；③中央银行是管理金融事业的国家机关。

2.（1）按中央银行在经济生活中的地位划分，中央银行主要是货币发行的银行、银行的银行、政府的银行。

（2）按中央银行的性质划分，中央银行的职能主要有：第一，服务职能。它是指中央银行向政府、商业银行及非银行金融机构提供金融服务的职能。如代理国库、经办政府的财政预算收支划拨与清算业务；为政府代办国家债券的发行、销售及还本付息事宜；为政府提供贷款（贷款方式可以是无息或低息短期信贷或购买政府债券）；作为政府的金融代理人，代为管理金银、外汇储备等。此外，中央银行还代表政府从事国际金融活动，并充当政府的金融顾问和参谋；为银行及非银行金融机构提供贷款，并为其提供清算服务。第二，调控职能。它是指中央银行运用自身特有的金融手段，对货币与信用进行调节和控制，进而影响和干预国家宏观经济，实现预期的货币政策目标。中央银行调控职能的核心问题是通过制定与社会经济发展相适应的货币政策，实现对货币供给量的调节与控制，进而实现社会经济发展目标。因而，调控职能又可以理解为政府职能。第三，管理职能。它是指中央银行作为一国金融管理的最高机构，为维护金融体系的健全与稳定、防止金融紊乱给社会经济发展造成困难，而对银行及非银行金融机构的设置、业务活动及经营情况进行检查监督，对金融市场实施管理控制的职能。如统一制定有关的金融政策、法令；对各银行和非银行金融机构进行管理；及时检查、监督银行及非银行金融机构的活动，通过对各种业务账表、报告的查对、稽核，分析了解相关情况，发现问题，以监督、指导银行及非银行金融机构的业务经营活动，使其遵守有关金融法令和规章制度。

3.一般来说，货币政策目标包括四项内容，即稳定物价、经济增长、充分就业、国际收支平衡。

（1）稳定物价，是指社会一般物价水平在短期内不发生明显的波动。稳定物价并不要求物价一成不变，所以物价上涨率不可能为零，但物价上涨率过高则意味着通货膨胀，因此要确定一个适当的物价上涨率，作为稳定物价这项货币政策的目标定位。

（2）经济增长，一般以剔除价格上涨因素以后的国民生产总值的增加作为衡量指标。它是经济社会的一项综合发展目标，要求全社会共同努力去实现。中央银行可以通过对经济中投资规模的调控而对经济增长产生重要影响。

（3）充分就业，反映劳动力的就业程度，是通过失业率高低来体现的。失业率是全社会的失业人数与自愿就业的劳动力人数之比。充分就业不可能要求没有失业，一般来说，中央银行把充分就业目标定位于失业率以不超过4%为宜。

（4）国际收支平衡，是指一国对其他国家的全部货币收入和货币支出相抵略有顺差或略有逆差。一国的国际货币收支是否平衡，对本国的货币供应量与物价有着较大的影响。如一国的国际收支顺差过大，外汇收入增加，必然要求增加国内货币的供应量；反之，就会减少国内货币的供应量。

在市场经济条件下，上述货币政策的四大目标之间是相互矛盾的，往往不能同时兼顾。当今各国中央银行在货币政策目标选择中，主要围绕稳定货币和经济增长之间的关系，在目标本身或政策措施上进行调整和组合，以便最终保证社会总需求与社会总供给的平衡，促进经济协调稳定发展。

4.一般来说，各国选择货币政策的中介目标通常包括四项指标，即存款准备金、利率、基础货币和货币供应量。

（1）存款准备金，是中央银行创造的负债的一部分，由商业银行的库存现金和在中央银行的存款两项内容组成。存款准备金与货币政策目标具有相关性，这种相关性体现在存款准备金的逆经济循环方面。

（2）利率（市场利率），是影响货币需求、调控货币供给量的重要的政策性变量。利率与货币政策目标之间的高度相关性表现在利率是顺经济循环的，但又与社会总需求负相关。利率作为中介目标运用时，必须明确界定政策性和非政策性效果的界限；否则，会误导中央银行，影响货币政策的实施效果。

（3）基础货币，是社会公众的手持现金和商业银行的存款准备金之和。作为中介目标，基础货币具有很强的可控性。它与货币政策目标也有相关性，表现为基础货币的增加和减少同方向影响货币供应量，由此引起信贷的张与弛、经济的荣与衰。

（4）货币供给量与货币政策目标有着密切的相关性，因为货币供给量的多少直接影响经济增长、就业水平、物价涨跌和进出口贸易额，而且两者的相关性体现在顺经济循环方面。货币供给量由现金和存款组成，它们不同程度地受中央银行的控制。

我国货币政策的中介目标是货币供给量、信用总量、同业拆借利率和银行备付金率。

5.为实现货币政策目标，可采用以下货币政策工具：①一般性货币政策工具。这是中央银行较为常用的传统工具，具体包括再贴现率、法定存款准备金率和公开市场操作。②选择性货币政策工具。此工具的作用对象是某些特殊领域，可作为一般性货币政策工具的补充，根据需要选择运用，包括证券市场信用控制、消费者信用控制、不动产信用控制和优惠利率。③直接信用控制的货币政策工具，包括贷款限额、利率限制和直接干预。④间接信用控制的货币政策工具，包括道义劝告和窗口指导。

6.中央银行有三大业务，即负债业务、资产业务和清算业务。由于中央银行不同于一般商业银行，所以中央银行不能从事所有的金融业务。它与商业银行业务的不同点表现在：①不以营利为目的；②不从事一般银行的业务活动；③不付存款利息；④保持资产的最大流动性；⑤业务活动公开化。

7.货币政策和财政政策的组合搭配通常有两种模式，即双松双紧和松紧搭配。

（1）双松双紧，是指货币政策和财政政策沿着同一方向组合运动。双松，即松的财政政策和松的货币政策并行。松的财政政策要采用减税、扩大支出、增加投资、增加补贴等财政政策工具；松的货币政策要采用降低存款准备金率、降低再贴现率、中央银行大量买进有价证券等货币政策工具，以放松银根、增加货币供应量。双松政策可能会出现一方面刺激投资、促进经济增长，但另一方面出现财政赤字、信用膨胀的结果。双紧即紧的财政政策和紧的货币政策并行。紧的财政政策要采用增税、削减开支、发行政府债券、减少补贴等财政政策工具；紧的货币政策要采用提高存款准备金率和再贴现率以及大量卖出有价证券等货币政策工具，以抽紧银根、减少货币供应量。双紧政策可能会导致一方面有力地控制总需求，使通货稳定，但另一方面降低经济增长速度的结果。

（2）松紧搭配，即实行松的财政政策、紧的货币政策，或松的货币政策、紧的财政政策。如果财政政策松，实行减收增支出现赤字，则银行抽紧银根，实行紧缩的货币政策；如果财政政策紧，实行增收节支有了节余，则银行放松银根，实行扩张的货币政策。反过来，如果货币政策松，出现贷大于存、货币发行过多的情况，则财政应实行紧缩政策，增收减支；如果货币政策紧，出现存大于贷，货币供应量少的情况，则财政可实行放松政策，适当扩大支出、刺激需求。

第十七章

一、单项选择题

1.D	2.B	3.B	4.B
5.C	6.D	7.A	8.D
9.D			

二、多项选择题

1.ABD	2.ACDE	3.CE	4.ABC
5.ABCDE	6.ABCDE	7.ABCDE	8.CD

三、判断题

1.×	2.√	3.×	4.×
5.×	6.×	7.√	8.√
9.×	10.×		

四、问答题

1.（1）通货膨胀是指在纸币流通条件下，货币流通量过多地超过货币必要量而引起的货币贬值、物价上涨的经济现象。

（2）理解通货膨胀的内涵，必须注意以下几个问题：①通货膨胀是纸币流通条件下特有的经济范畴；②通货膨胀表现为纸币贬值、物价全面持续上涨；③通货膨胀既可以是开放性的，也可以是隐蔽性的；④在通货膨胀的不同阶段，物价上涨的速度与货币增加的速度是不一致的；⑤通货膨胀具有非均衡性。

2.（1）凯恩斯主义的通货膨胀理论是需求决定论。他们认为，当总需求超过充分就业条件下的总供给时，过度需求的存在会引起通货膨胀。他们特别强调，能引起通货膨胀的是总需求，而不是货币量。这就是所谓的需求拉上说。后凯恩斯经济学派还用“成本推进说”来解释通货膨胀，即工资的增长率超过了劳动生产率的增长率，结果提高了产品成本，使物价上涨，产生了通货膨胀。

（2）货币主义的通货膨胀理论则认为，通货膨胀完全是一种货币现象，其原因是货币数量的增加超过了生产增长幅度。货币数量的过度增加是产生通货膨胀的唯一原因，减少货币供应量是医治通货膨胀的唯一药方。如果没有货币量的过度增长，就不会出现总需求膨胀。总需求膨胀只是货币供应量过大的结果。

（3）马克思主义认为，通货膨胀表现在流通领域，根源于生产领域和分配领域。只有深入到生产领域和分配领域才能找到产生通货膨胀的根本原因。在生产领域，产业结构、产品结构失衡，经济效益低下是诱发通货膨胀的基本原因；在分配领域，投资膨胀、消费膨胀等原因引起的国民收入超额分配，是诱发通货膨胀的又一因素。总之，货币流通是国民经济状况的综合反映，通货膨胀是社会再生产过程失常的表现。

3.我国通货膨胀的成因有：

（1）需求拉动：①财政赤字；②信用膨胀。

（2）成本推动：①工资的上涨；②原材料价格的上涨。

（3）结构性因素：①供求关系变化导致的部门结构失衡；②开放部门的产品随着世界市场的价格上涨而涨价，工资随之上涨，而非开放部门的产品也涨价，从而引起物价上涨；③劳动生产率提高快的部门涨工资，而劳动生产率提高慢的部门也要求涨工资；④基础工业与加工工业、农业与工业发展的失衡。

（4）综合因素：①体制性因素；②政策性因素；③一般性因素。

4.通货膨胀对社会经济的负效应包括：

（1）影响生产的正常进行。其包括：①通货膨胀对扩大就业和增加生产只能暂时产生刺激作用，这种作用不可能持久，也不会形成健康的经济运行机制；②通货膨胀会引起生产结构失衡并造成生产下降；③通货膨胀使生产资金日趋短缺；④通货膨胀造成技术进步缓慢；⑤通货膨胀不利于企业进行经济核算。

（2）对国民收入再分配的效应。通货膨胀影响国民收入的再分配：首先，对社会成员来说，其影响主要表现在通货膨胀改变了原有收入和财富的占有结构。其次，和高收入家庭相比，低收入家庭生活必需品的支出所占比重大，因此低收入家庭通常是通货膨胀最直接的受害者，而高收入家庭受损程度相对轻一些。最后，一个家庭或单位以货币形式存在并以固定金额计算的财产，由于货币购买力的下降，必然遭受损失；而以可变价格计算的财产，其价值则可能随物价的上涨而上涨或保存原来的价值。这就使财富在不同的家庭、不同的企业和政府之间进行再分配，这是一种盲目的、不合理的也是不公正的再分配，为社会大众所厌弃。

（3）对流通的扰乱效应。首先，通货膨胀打乱了正常的流通渠道。其次，在通货膨胀持续时期，由于对通货膨胀的预期，人们普遍存在物价看涨的心理。为寻求保值手段，人们就会抢购惜售，重物轻币，囤积居奇，哄抬物价，从而使商品供求关系扭曲变态，进一步加剧商品流通混乱。最后，如果一国的通货膨胀率高于国际通货膨胀率，就会使原出口产品转为内销，并增加进口，导致国际贸易出现逆差。

（4）对消费的负效应。首先，通货膨胀削弱了消费者的实际购买力，从而导致其生活水平普遍下降；其次，消费者对通货膨胀的预期，往往促使其提前消费或加速消费，从而加剧了社会供需矛盾。

（5）对财政、金融的效应。首先，通货膨胀影响财政收支平衡。持续的通货膨胀，一方面，使税源减少，举债困难，最终减少财政收入；另一方面，财政支出则因物价上涨必须相应增加，因而财政收支难以平衡。其次，通货膨胀造成货币流通混乱。不断贬值的货币极难执行价值尺度和流通手段的职能。当通货膨胀达到一定程度时，人们为避免损失，宁愿持有实物而不愿意接受纸币，甚至会出现排斥纸币、恢复物物交换的原始商品交换方式的现象。这样，纸币的流通范围越来越窄，最终导致纸币流通制度的崩溃。最后，通货膨胀破坏正常的信用关系。因为通货膨胀对债权人不利，为了避免损失，商品交易中的现金交易增加，商品信用衰落。同时，银行信用也因来源减少而日趋萎缩。

5.关于通货紧缩，目前，尚没有一个令经济学家们完全认同的确切定义，国内外对通货紧缩的定义主要有以下观点：①认为通货紧缩是指物价普遍、持续下降的现象。这是许多经济学家都认同的观点，他们认为，通货紧缩是指长时期的、涉及面广的价格下跌。②认为通货紧缩是指物价总水平持续下跌、货币供应量持续下降，与此相伴随的是经济衰退的现象。③认为通货紧缩是经济衰退的货币表现，因而具有三个特征：一是物价持续下跌、货币供应量持续下降；二是有效需求不足、失业率高；三是经济全面衰退。

我们认为通货紧缩是与通货膨胀相反的一种经济现象。通货膨胀是商品与劳务价格的普遍、持续上升；通货紧缩则是商品和劳务价格的普遍、持续下跌。价格是商品和劳务价值的货币表现，价格普遍、持续下降，表明单位货币所反映的商品价值在增加。因而通货紧缩与通货膨胀一样，也是一种货币现象。通货紧缩所反映的物价下跌，必然是普遍的、持续的。

6.产生通货紧缩的一般性原因包括：

（1）紧缩性财政政策。政府实施紧缩性财政政策，就会大量削减公共开支，减少转移支付，从而减少社会总需求，加剧商品和劳务市场的供求失衡，导致通货紧缩。

（2）紧缩性货币政策。当通货膨胀问题得到解决以后，如果中央银行继续采取紧缩的货币政策，就可能产生物价的持续下跌，导致通货紧缩。

（3）科技进步和创新的原因。科技进步与创新提高了生产力水平，科学的管理体制使生产成本下降，造成了生产能力过剩。在供给大于需求的情况下，物价下跌不可避免。

（4）汇率制度的原因。如果一国采取盯住强币的汇率制度，货币币值高估，就会导致出口下降，加剧国内企业经营困难，促使消费需求趋减，出现物价的持续下跌。同时，其他国家货币的大幅贬值也会造成货币贬值国家商品的大量流入，进一步加剧国内物价的持续下跌态势。

（5）金融体系低效率的原因。如果金融机构不能对贷款项目进行风险识别，那么就有可能滥放贷款，造成不良贷款比重提高，或者不愿意贷款，或者片面提高贷款利率以作为对承担风险的补偿，从而形成信贷萎缩，最终导致物价下跌，形成通货紧缩。

7.通货紧缩对经济的负效应包括：

（1）通货紧缩对经济的影响。由于通货紧缩会增强货币的购买力，因此在通货紧缩时期，人们会推迟购买、增加储蓄，以等待将来更低的价格出现。这样，通货紧缩使个人消费支出受到抑制，同时也造成了商业活动的萎缩。物价的持续下跌会提高实际利率水平。即使名义利率下降，资金成本一般仍比较高，致使企业投资成本高昂，投资项目变得越来越没有吸引力，企业因而减少投资支出。居民和企业的这些行为都会降低就业增长和经济增长的速度，甚至可能导致经济衰退。

（2）通货紧缩对银行业的影响。通货紧缩可能导致银行业的危机。这是因为：第一，通货紧缩加重了贷款者的实际负担，产品价格出现非预期下降，收益率也随之下降，使贷款者归还银行贷款的能力有所减弱，银行贷款面临的风险随之增大。第二，资产价格的持续下降也会产生负面的财富效应，降低资产的抵押或担保价值，银行被迫要求客户尽快偿还贷款余额。这又导致资产价格进一步下跌，贷款者的净资产进一步减少，从而加速其破产进程，最终导致银行遭受损失甚至破产。银行经营环境的恶化会使人们对银行产生一种不信任感，为了保护自己的资金安全，他们一方面将钱放在手里，不存入银行，另一方面会把钱从银行中提出来，而这又会增加银行的流动性危机。第三，如果人们预期通货紧缩还将继续，那么在任何名义利率下他们都不愿意借款，否则他们最终偿还贷款的价值要高于现在的价格。同时，考虑到逆向选择的风险，如果银行预期资产或商品价格会下降，它们就会惜贷。这就容易造成信贷供给和需求的萎缩。

8.我国治理通货膨胀的对策包括：

第一，控制需求。这可通过实行紧缩政策达到目的。紧缩政策主要包括紧缩性货币政策（实现此政策的手段主要有：①通过公开市场业务出售政府债券，以相应减少货币存量；②提高法定存款准备金率，以缩小货币乘数；③提高利率，促使人们减少消费需求，而把更多的收入用于储蓄；④控制政府向银行的借款额度）；紧缩性财政政策（实现此政策的手段主要有增加税收和减少政府支出）；紧缩性收入政策和指数化方案。

第二，改善供给，即发展生产，增加有效供给，一般可采取的措施有：①实行有松有紧、区别对待的信贷政策；②发展对外贸易，改善供给状况。

9.由于在通货紧缩条件下，一般物价水平低于其合理的水平，因此治理通货紧缩的直接目标是促使一般物价水平回到其正常水平，可采取如下措施：

（1）实行积极的财政政策，即扩大财政支出和优化财政支出结构。

（2）实行积极的货币政策，即中央银行要及时做好货币政策的微调，适时增加货币供应量，降低实际利率，密切关注金融机构的信贷行为，通过灵活的货币政策促使金融机构增加有效贷款投放量，以增加货币供给。此外，中央银行还可以放松利率管制，加快利率市场化改革。

五、案例分析题

要点：（1）通货膨胀是纸币流通下的特有现象，与社会制度无关。

（2）只要有纸币流通，就必须时刻注意按货币流通规律制定货币政策。

（3）要加强中央银行的宏观调控作用，保持货币供应量的增长适应经济增长速度。

（4）要加强财政政策与货币政策的协调。

第十八章

一、单项选择题

1.A	2.A	3.A	4.A
5.D	6.D	7.B	8.C
9.B	10.D	11.C	12.C

二、多项选择题

1.AB	2.ABCDE	3.BE	4.BCD
5.ABCDE	6.AB	7.ABCD	8.ABCE
9.BCD			

三、判断题

1.√	2.√	3.×	4.√
5.×	6.×	7.√	8.×

9.×	10.√	11.√	12.×
13.√	14.×	15.√	16.√

四、问答题

1.保险有四个核心要点：①经济补偿是保险的本质特征；②经济补偿的基础是数理预测和合同关系；③经济补偿的费用来自于投保人缴纳的保险费所形成的保险基金；④经济补偿的结果是风险的转移和损失的共同分担。

2.保险的基本特征有：经济补偿性、社会互济性、法律保障性、融资性。

3.保险之所以属于金融经济范畴，正因为它具有融资性。这种融资性一方面体现在保险对被保险人所进行的经济赔偿上（即经济补偿性），另一方面体现在保险基金的聚集和运用上。保险可聚集大量的保险基金，除用于补偿以外，还可用于直接投资和间接投资，即购买企业股票、寻找经营伙伴、开办与保险相关的实体或存入银行获得利息收益等。这种融资活动能增加保险效益，促进保险业的经营和发展。

4.投保人必须具备以下条件：①具有完全的权利能力和行为能力；②对保险标的必须具有保险利益；③负有缴纳保险费的义务。

5.保险利益的成立，必须具备以下三个条件：①是法律认可的利益；②是可以用货币计算和估价的利益；③必须是可以确定的利益。

6.保险合同条款是规定保险人与被保险人之间的基本权利和义务的条文，是保险人对所承保的保险标的履行保险责任的依据。保险合同的基本条款包括以下几项：①当事人的姓名或名称和住所；②保险标的；③保险责任和责任免除；④保险金额；⑤保险费及支付方法；⑥保险期限；⑦违约责任和争议处理；⑧当事人签章和日期。

五、案例分析题

1.要点：由案情可知，水灾系由地下水管爆裂所致。对此，分析如下：

第一，水管爆裂不属于保险责任。这是因为：①“企业财产保险条款”“家庭财产保险条款”中的保险责任部分均无水管爆裂责任，按照财产保险惯例，凡保险责任中未列明的均为除外责任；②水管爆裂虽然是意外事故，但不是保险责任范围内的意外事故，太平洋财产保险公司只能对保险责任范围内的意外事故负责；③水管爆裂酿成水灾也不能等同于洪水灾害。洪水仅指暴雨、冰雪消融造成江、湖流量激增、水位猛涨的现象。由此可见，水管爆裂不属于保险责任，太平洋财产保险公司并没有必然的赔偿义务。

第二，太平洋财产保险公司无权向有关责任方追偿。根据法律规定和保险惯例，保险人享有追偿权必须以被保险人因保险事故的发生对第三者有损失赔偿的请求权和保险人因保险事故的发生已支付其保险赔款为前提条件，具备了上述条件，保险人即自动取得代位追偿权。但在水管爆裂索赔案中，上述条件均不具备，保险人也就无从追偿了，因此先赔后追之说显然不妥。

第三，被保险人应向责任方索赔。保险人拒赔合理合法，是否意味着被保险人无处索赔，要自认倒霉呢？否！我国《民法通则》第一百零六条规定：公民法人由于过错侵害国家的、集体的财产，侵害他人财产、人身的，应当承担民事责任。根据这一规定，水管管理部门对水管爆裂负有责任，受损的单位或个人（包括被保险人）完全可以依法向责任方或共同责任方索赔，这是合法的要求，受法律保障。

结论：太平洋财产保险公司应该拒赔。被保险人应依法向负有责任的第三者索赔。

2.要点：我们认为第三种观点基本正确，分析如下：

第一，财产保险是一种损失补偿，是以补偿被保险人的实际损失为赔偿原则的。根据这一原则，太平洋财产保险公司必须在保险责任范围内对被保险人遭受的实际损失进行赔偿，不能以任何借口而拒赔；被保险人通过保险可以使遭受的损失得到补偿，但不能因任何原因从保险补偿中获得其他经济利益（慈善性捐赠除外）。本案中的陈某实际上通过保险补偿获得了额外利益，显然不符合保险的赔偿原则。

第二，本案适用于代位追偿权。我国《财产保险合同条例》第十九条规定："保险标的发生保险责任范围内的损失，应当由第三者负责赔偿的，投保方应当向第三者提出赔偿请求。如果投保方向保险方提出赔偿要求，保险方可以按照保险合同的规定，先予补偿，但投保方必须将向第三者追偿的权利转让给保险方，并协助保险方向第三者追偿。"可见，代位追偿是保险人的法定权利。本案中的彩电被盗，无疑是第三者——盗窃分子的道德风险所致，它虽然与其他的财产追偿案内容不同，但本质并未改变。因此，太平洋财产保险公司在支付赔款后有权取得向第三者追偿的权益同样适用于本案。

第三，太平洋财产保险公司追回赔款或收回被盗的彩电完全是保险合同规定的权利。我国《家庭财产保险附加盗窃险条款》第五条规定："赔款后破案追回的保险财产，应当归保险人所有。被保险人如果愿意收回该项被追回财产，其已经领取的赔款必须退还给保险人；保险人对被追回财产的损毁部分，可以按照实际损失给予赔偿。"因此，无论是否在保险期限内，被保险人只能选择一种处理方式。

结论：如果被保险人陈某退回了被盗复得的彩电，保险方不再收回赔款，同时还应支付其修理费；如果陈某不愿意退回被盗复得的彩电，则应退还保险方的赔款，其彩电的修理费用仍可从保险方那里得到补偿。上述两种方案，选哪一种均可。

第十九章

一、单项选择题

1.B	2.D	3.A	4.C
5.D	6.B	7.B	8.A
9.A	10.C		

二、多项选择题

1.AE	2.BC	3.ABCDE	4.AD
5.CD			

三、判断题

1.×	2.×	3.√	4.×
5.√	6.×	7.√	8.×
9.√	10.√		

四、问答题

1.（1）进出口需求弹性之和是否大于1。

（2）本国现有生产能力是否获得了充分的利用，这是因为贬值后的需求转换还需要依靠本国贸易品（出口品和进口替代品）部门供给的增加来满足。

（3）贬值所带来的较高的本国贸易品与非贸易品（包括劳动）的相对价差是否能维持较长的一段时期。在充分就业的条件下，贸易品供给的增加主要依靠将生产资源从非贸易品部门释放出来。汇率贬值所引起的国内物价上涨，是否能为社会所承受，也是汇率贬值政策实施时所要考虑的重要因素。一般来说，在经济处于满负荷运行状态的情况下，汇率贬值政策必须结合紧缩性政策来实施，否则将导致严重的通货膨胀，且不易收效。

2.国际收支失衡的表现主要包括：

（1）结构性失衡。因一国国内生产结构及相应要素配置未能及时调整或更新换代，导致不能适应国际市场的变化，从而引起本国国际收支不平衡。

（2）周期性失衡。因经济发展的变化，导致一国的总需求、进出口贸易和收入受到影响，从而引起国际收支不平衡。它与经济周期有关。

（3）收入性失衡。它是指因一国国民收入发生变化而引发的国际收支不平衡。一定时期一国国民收入多，意味着进口消费或其他方面的国际支付增加，国际收支可能会出现逆差。

（4）币值性失衡。它是指因一国币值发生变动而引发的国际收支不平衡。当一国物价普遍上涨或通货膨胀严重时，产品出口成本提高，产品的国际竞争力下降，在其他条件不变的情况下，出口减少。与此同时，产品进口成本降低，进口增加，国际收支出现逆差；反之，就会出现顺差。

（5）政策性失衡。它是指因一国推出重要的经济政策或实施重大改革而引发的国际收支不平衡。

3.国际储备资产的构成要素包括：①外汇储备；②黄金储备；③特别提款权；④国际货币基金组织的储备头寸。

4.国际货币基金组织判断一国国际储备不足的客观指标包括：①持续高利率政策；②加强对国际经济贸易的限制；③把增加储备作为首要的经济目标；④持续的汇率不稳定；⑤新增储备主要来自信用安排。

五、案例分析题

要点：中国启动IMF金融部门评估规划的意义是：①提高金融部门的评估规划水平；②有利于金融稳定。

综合模拟试题

一、单项选择题（共10题，每题1分，共10分）

1.目前，我国的财政收入主要来源于（　　）。

A.税收　　B.政府收费　　C.国债收入　　D.国有资产收入

2.我国曾经征收但已经取消的税种是（　　）。

A.增值税　　B.消费税　　C.房产税　　D.农业税

3.目前我国中央财政对增值税的分享比例是（　　）。

A.50%　　B.75%　　C.25%　　D.40%

4.我国的分税制改革将中央与地方政府的收入按（　　）进行划分。

A.税种　　B.受益原则　　C.隶属关系　　D.固定比例

5.我国政府预算的编制机关是（　　）。

A.财政部门　　B.人民银行　　C.各级人大　　D.国库

6.纳税的时候，货币执行（　　）职能。

A.流通手段　　B.价值尺度　　C.贮藏手段　　D.支付手段

7.商业银行最基本的职能是（　　）。

A.支付中介　　B.信用创造　　C.金融服务　　D.信用中介

8.由政府或政府金融机构确定并强令执行的利率是（　　）。

A.公定利率　　B.一般利率　　C.官定利率　　D.固定利率

9.公开市场业务是指中央银行（　　）。

A.在市场上公开进行信息披露　　B.创建公开市场

C.在金融市场上买卖有价证券　　D.公开买卖黄金

10.按金融工具的期限长短，可将金融市场划分为（　　）。

A.资本市场和货币市场　　B.现货市场和期货市场

C.初级市场和二级市场　　D.有形市场和无形市场

二、多项选择题（共5题，每题2分，共10分）

1.按照现行财政体制，划分为中央政府固定收入的有（　　）。

A.消费税　　B.全部增值税　　C.房产税

D.企业所得税　　E.关税

2.财政政策主要通过（　　）等手段对经济运行进行调节。

A.税收　　B.国债　　C.补贴

D.再贴现率　　E.转移支付

3.政府的消费性支出包括（　　）。

A.国防支出　　B.外交支出　　C.支农支出

D.教育支出　　　　E.投资支出

4.以下属于我国政策性银行的有（　　）。

A.中国农业银行　　　　B.中国农业发展银行　　　　C.中国进出口银行

D.中国人民银行　　　　E.中国银行

5.以下属于短期金融工具的有（　　）。

A.国库券　　　　B.股票　　　　C.大额可转让定期存单

D.债券　　　　E.商业票据

三、判断题（共10题，每题1分，共10分）

1.增加财政补贴属于紧缩性财政政策，可以抑制社会总需求。（　　）

2.经济发展水平是制约财政收入规模的最主要因素。（　　）

3.我国的资源税划归中央财政收入。（　　）

4.扩张性财政政策一般会导致财政结余。（　　）

5.课税对象是区别一种税与另一种税的主要标志。（　　）

6.用本位币支付的金额不管有多大，债权人都必须接受。（　　）

7.当期限为一年时，采用单利和复利计算的本息结果是一样的。（　　）

8.目前，在我国的国有商业银行中，只有中国银行才可以经营外汇业务。（　　）

9.回购实际上是一种以证券为担保的短期融资方式。（　　）

10.贴现利息=贴现金额×实际贴现天数×（月贴现率÷30）。（　　）

四、简答题（共2题，每题5分，共10分）

1.简述税制构成要素有哪些，并作简要说明。

2.同业拆借市场有哪些特点？

五、案例分析题（共4题，每题15分，共60分）

1.据媒体报道，前几年，人口不足13万人的陕西省凤县因建设“月光之城”遭到质疑。该县计划打造“西部休闲之都”，为此开发了5大景区，建设了5大公园，各项旅游投入达6.5亿元。为打造“月光之城”，在县城对面的高山上建造了一个直径约4米的LED太阳能人造月亮，在县城周边山体上共设置了2 700余个人造星星。请运用财政知识分析上述做法是否妥当，反映了怎样的社会现实，并提出自己的见解。

2.残疾人就业保障金是安排残疾人达不到省级政府规定比例的单位，按照年度差额人数和上年度本地区职工年平均工资计算交纳用于残疾人就业的专项资金。据知情人披露，深圳市征收此项保障金已经10年，累计征收几十亿元，但具体数额和用途从未公开。其他地方也是如此。究竟应不应当公开？说说你的看法。

3.2014年12月，山西洪洞县曲亭镇东李村67户村民傻了眼，因为贪图比银行存款更高一点的利息，他们把辛辛苦苦积攒的近300万元的“闲钱”借给了本村村民秦留喜，而秦留喜却突然死亡了，人死了，钱找谁要？

东李村远离城镇，是一个典型的农业村，全村仅有300余户，村民完全靠种地和打零工赚钱维持生计。

秦留喜是洪洞县曲亭镇农村信用社东李村联络员，主要负责村里和信用社的信息联络工作，在本村村民当中有很好的信誉，不管哪个村民急需用钱，他都能在第一时间把钱拿给村民。从2007年开始，秦留喜就开始频繁借村民的“闲钱”，给高于银行存款的月利率2.5%，并承诺随时需要随时可以把钱拿走，有些村民便把原本存在银行里或是留在家里的“闲钱”借给了秦留喜，而秦留喜也很讲信用，按月支付利息，谁家急需用钱，他也都会及时地拿出来。就这样，全村67户村民共计将近300万元借给了秦留喜，甚至有部分村民连借条也没有打。

分析：（1）上述案例中民间借贷的利率是否属于高利贷？我国有关法律如何界定高利贷？

（2）分析民间借贷的利与弊。

4.根据中央经济工作会议部署，2018年，稳中求进工作总基调是治国理政的重要原则，要长期坚持。“稳”和“进”是辩证统一的，要作为一个整体来把握，把握好工作节奏和力度。要统筹各项政策，加强政策协同。积极的财政政策取向不变，调整优化财政支出结构，确保对重点领域和项目的支持力度，压缩一般性支出，切实加强地方政府债务管理。稳健的货币政策要保持中性，管住货币供给总闸门，保持货币信贷和社会融资规模合理增长，保持人民币汇率在合理均衡水平上的基本稳定，促进多层次资本市场健康发展，更好地为实体经济服务，守住不发生系统性金融风险的底线。

分析：（1）阐述货币政策的内容。

（2）我国当前为什么要实施积极的财政政策？

综合模拟试题参考答案

一、单项选择题

1.A	2.D	3.A	4.A
5.A	6.D	7.D	8.C
9.C	10.A		

二、多项选择题

1.AE	2.ABCE	3.ABD	4.BC
5.ACE			

三、判断题

1.×	2.√	3.×	4.×
5.√	6.√	7.√	8.×
9.√	10.√		

四、简答题

1.税收制度的构成要素包括纳税人、课税对象、税目、税率、纳税环节、纳税期限、附加、加成、减免、起征点和免征额、违章处理等。

纳税人是指税法规定的直接负有纳税义务的单位和个人；课税对象是征税的客体；税目是在税法中对课税对象分类规定的具体的征税项目，反映具体的征税范围，是对课税对象质的界定；税率是税额与课税对象数额之间的比例；纳税环节是指税法规定的课税对象从生产到消费的流转过程中，应当缴纳税款的环节；纳税期限是税法规定的纳税人缴纳税款的时间期限；附加是在征收正税以外，附加征收的一部分税款；加成是按照规定的税率计算应纳税额后，再加征一定成数的税额；减免是对某些纳税人或征税对象给予鼓励和照顾的特殊规定；起征点是指课税对象所达到的应当纳税的数额界限，免征额是准予从课税对象数额中扣除的免予征税的数额；违章处理是指对纳税人不依法纳税、不遵守税收征管制度等违反税法行为采取的处罚性措施。

2.同业拆借市场具有以下特点：①同业性。参加同业拆借的成员，都是经中国人民银行批准经营金融业务的银行或非银行金融机构。②短期性。同业拆借市场属于短期金融市场，同业拆借是一种临时性的资金拆借，主要用于调剂资金的临时余缺。同业拆借按期限分为7天以内（含7天）同业头寸拆借和7天以上、4个月（含4个月）以内的同业短期拆借。③无担保性。同业拆借完全凭借借款人的信用进行，无须向放款人提供担保品。④大额交易。同业拆借依据银行间的需要，每笔交易一般数额都很大。⑤不提交准备金。银行吸收的存款要按一定比例上缴中央银行存款准备金，而通过同业拆借市场拆借资金按规定可以免缴存款准备金。

五、案例分析题

1.要点："旅游兴县"的战略本身并不错，但一些建设项目和旅游产品缺乏周密论证，过多地建造人造景观、人为打造品牌。财政资金是发展经济的重要来源，应根据地方实际量力而行，把纳税人的钱用好，用到有效益的地方去。

2.要点：残疾人就业保障金属于公共资金，纳入预算管理，具有公益性质，涉及公共利益，社会公众都有权知情。各地应当按照《政府信息公开条例》的要求公开征收数额和具体用途，并接受社会监督。

3.要点：（1）我国《民法通则》规定，利息高于银行同期贷款利息4倍就属于高利贷。我国目前银行个人贷款利率是1年期为4.35%，1～5年期年利率为4.75%。所以案例中的月利率2.5%，折合成年利率为30%，属于高利贷。

（2）民间借贷能缓解中小型民营企业对短期流动资金的渴求，但是风险比较大。

4.要点：（1）一国货币政策包括以下几方面的内容：

A.货币政策目标，一般包括稳定物价、充分就业、经济增长、平衡国际收支。

B.货币政策工具，包括：①一般性政策工具，具体包括再贴现率、法定存款准备金率和公开市场操作；②选择性货币政策工具，包括证券市场信用控制、消费者信用控制、不动产信用控制和优惠利率；③直接信用控制的货币政策工具，包括贷款限额、利率限制和直接干预；④间接信用控制的货币政策工具，包括道义劝告和窗口指导。

C.货币政策的中介目标，即存款准备金、利率、基础货币和货币供应量。

D.货币政策传导机制。

E.货币政策效应。

（2）我国政府提出和实施的积极财政政策，是有其特定的经济社会背景和政策含义的。

其一，积极的财政政策是就政策作用大小的比较意义而言的。改革开放以来，由于多种原因，我国财政收入占GDP的比重，以及中央财政收入占全部财政收入的比重不断下降，出现了国家财政的宏观调控能力趋于弱化、"吃饭财政"难以为继的窘境。面对我国经济成功实现"软着陆"之后出现的需求不足、投资和经济增长乏力的新形势及新问题，特别是面对亚洲金融危机的冲击和影响，必须使我国的财政政策尽快从调控功能弱化的困境中走出来，对经济增长发挥更加直接、更为积极的促进和拉动作用。这就是"更加积极"或积极的财政政策的含义。

其二，积极的财政政策是就我国结构调整和社会稳定的迫切需要而言的。随着改革开放的深入、市场化程度的不断提高，我国社会经济生活中的结构性矛盾也日渐突出，成为新形势下扩大内需、开拓市场、促进经济持续快速健康发展的严重障碍。而作为结构调整最重要手段的财政政策，显然应在我国的结构优化和结构调整中，发挥比以往更加积极的作用。此外，由于其他一些原因，作为社会再分配唯一手段的财政政策，也必须在促进社会公平、保证社会稳定方面发挥至为关键的调节功能。这是市场机制和其他政策手段所无法替代的。

其三，积极的财政政策不是一种政策类型，而是一种政策措施选择。我国当前实施的积极的财政政策，只是在适度从紧财政政策大方向下，根据变化了的新情况、新问题和始料不及的某些外部因素而采取的一种应对性财政政策举措，并不是一种政策类型。